JN058477

「経理」の勉強法！

公認会計士 梅澤真由美［著］

配属3年目から始める
知識・スキルの身につけ方

中央経済社

はじめに

あなたはどうして経理パーソンになりましたか？

「学校で学んだ簿記が生かせる仕事だから」という方もいれば，「希望していないけど新卒でたまたま配属になった」という方もいるかもしれません。経緯やルートは人それぞれでしょう。

この本は，これまでの道筋にかかわらず，経理の仕事に就いて３年という方に向けて書きました。

経理歴３年といえば，周囲からは，新人から中堅にそろそろ成長することを期待されます。しかし，ご自身としては，「途切れなくやってくる決算に追われ，経理のルールや作法を覚えるのに精いっぱい。気がついたら３年経っていた」というのが本音かもしれません。また，なんとなく仕事の全体像が見えてきて，これからも経理を続けるのかどうか迷うのも，やはり３年目の頃です。

経理パーソンとして自分の成長の鍵を握るのは，ここからの３年の過ごし方です。また，経理を続けないにしても，経理スキルを自分のキャリアに活かす方法は実はいくらでもあります。この本は，経理パーソンのみなさんが経理としてのスキルを十二分に活かして，ビジネス人生を前広に歩んでいくためのヒントや方法をお伝えしていきます。

経理の本というと，会計基準をはじめ経理業務中心に書かれたものがほとんどです。しかし，経理業務を支えているのは，国内に数百万人はいるであろう経理パーソンです。本書は，業務という「コト」ではなく，経理という「ヒト」に注目します。つまり，この本の主役は，経理パーソンであるみなさん自身です。

経理という仕事は，自分自身，そして自分の将来のために活用することができるということを知っていただきたいと思い，筆をとりました。

決算に追われる中でも自分の成長を叶えるためには，やり方を工夫することが不可欠です。私自身も実際に事業会社で経理担当者，そして管理職として実務をやってきた経験から，負担の少ないやり方が経理にとって大前提と考えています。10年にわたる事業会社勤務時代には，そんなやり方を見つけるために試行錯誤の連続でしたが，日本マクドナルド勤務時代には財務部門のMVPの表彰を受けることもできました。

その経験から，方法さえうまく選べば，日常業務を回しながら自分の成長も同時に手に入れることは誰にでもできると断言できます。

この本は，経理パーソンとしての成長術をテーマにしたセミナーをもとに，好評いただいた『旬刊経理情報』（2019年６月10日号）の特集「経理パーソンの勉強法」に大幅加筆を行いました。

管理会計や経理実務などいろいろなセミナーの講師をしていますが，このセミナーの受講者アンケートにはいつもとても特徴的なことがあります。それは，自由記述欄に書いてくださる文章量がとても多いということです。「転職に向けた準備の進め方がわかりました」とか「上司の取扱い（？）に苦労していますが，希望の光が見えました」などなど。中には，「業務のバイブルとします」というコメントや，後日偶然お会いしたときに「セミナーのおかげで昇格試験に合格しました」とうれしい知らせを直接伝えてくださる方もいました。

このことは，裏を返せば，それだけ経理パーソンの成長のための情報が少ないということ，そして，悩んだり迷ったりする人が多いということだと思います。思えば，十数年前の私自身もまさに悩めるひとりでした。

このような悩みに直面しつつも，自分の成長とキャリアを実現させたい経理パーソンのお役に立てたら本望です。

私のひそかな夢は，「経理」が人気の職業にランクインすることです。それぐらい，経理という仕事は会社にとって必要であると当時に，個人にとっても魅力的でやりがいがあるものだと自信を持っていえます。

マクドナルド時代の先輩経理パーソンである静香さんと遠藤さんが，このような経理という仕事の素晴らしさを教えてくれました。中央経済社の坂部さまには，前著に引き続き，ともに先例の少ない分野へ挑戦していただきました。そして，「ママの絵本」を楽しみにしてくれる子どもたちをはじめ，家族の応援はいつも大きな励みです。ともに時間を過ごしているすべてのみなさまに心から感謝いたします。

令和２年　雨水の日に

梅澤真由美

CONTENTS

第1章

今は経理パーソンが成長するチャンス

第2章

「社内・社外・将来」の３区分でキャリアを見直そう

第3章

社内　日常業務でまだまだ磨けるスキル

第4章

社内　自分の役割を定義しよう

第６章

社外　ビジネス一般情報や生情報との付き合い方

第8章

将来　あなたの成長計画に役立つ情報

第1章

今は経理パーソンが成長するチャンス

慣れすぎて当たり前だと思っている経理業務。少し俯瞰してみるといろいろなメリットを含んだ魅力的な仕事だとわかります。日頃の「当たり前」を詳しく見直してみましょう。

1 「正確さと速さ」を身につけて次を目指そう

経理にとって最も大事なことは「正確さと速さ」です。経理だけではなく，バックオフィスと呼ばれる管理部門全般に共通することかもしれません。経理でも特にこれが実践できる人は他の仕事にも応用が利き，業務とキャリアで必ずプラスになります。

正確さと速さが大事な理由

それでは，なぜこの２つが大事なのでしょうか。

正確さが重んじられるのは，**経理が経営者に経営情報を届ける仕事だから**です。もし正しくない情報や数値を経営者に届けたらどうなるでしょう。業績を見誤って経営者は将来に向けた判断を間違えてしまうかもしれません。経理が扱う数字は事業に直結する大切な情報です。

また，せっかくまとめた情報を１カ月後に届けたらどうなるでしょう。情報が届くのが遅ければ現状と数値がどんどんずれてしまい，結局はあまり役に立たなくなってしまいます。

経理の現場では「決算早期化」という言葉がよくいわれます。**企業の状況を如実に表す決算は早く出し，早く次の判断を促すのがベスト**です。情報は鮮度が大切であり，経営者がスムーズに意思決定できる余裕を作りながら，私たちは情報を届ける必要があるのです。

スケールの大きいことを身につけなくても問題ない

もしかしたら「経理にとって大事なこと」というテーマにもっと大きなスケールを期待された人もいるかもしれません。例えば「グローバル時代を生き抜くためにはIFRSの知識こそが不可欠」「経理も英語を習得しなければいけない」「税理士並みの知識を持たなければいけない」など。

時折そういった啓発のフレーズを聞きますが，企業内で経理業務を担う私たちには必要ないと断言できます。私たちは自分でわざわざ専門的な内容を頭に詰め込まなくても，業務を通じて社内の担当者や外部の専門家を活用することができるからです。

正確さと速さは経理の基本姿勢

それより大切にしなければいけないのは，経理の基本姿勢ともいえる「正確さと速さ」です。

みなさんは正確さのためにどのような取り組みをしていますか？　資料を依頼してきた相手の期待に応えるために，難しいと思いながらも工夫して間に合わせたことはありますか？　重要なのは，これらの基本姿勢が実際の日常業務で発揮されているかどうかです。

この２点は当たり前すぎて意識するのが難しいかもしれません。意識できないからこそ，確実に実践するのが難しいともいえます。私は事業会社で実務を担ってきたので，その現実はよくわかります。しかし，だからこそ**身につけることができれば一生モノのスキルになります**。汎用性が高いため，経理以外のフィールドに行っても必ずあなたを助けてくれます。せっかく縁あって経理という仕事についたのですから，「正確さと速さ」だけは身につけることを強くおすすめします。

まとめ

経理パーソンとして，正確さと速さだけは身につけよう。

2 改めて確認，経理業務はこんなに面白い

みなさんは，経理にどのようなイメージを持っていますか？ 「集計屋」「数字屋」「伝票屋」と揶揄されることもあるかもしれません。

しかし，**経理業務はまさに「経営」そのもの**です。お金を動かして利益を得る企業活動の柱であり，その数値を扱う重要な仕事です。これは経理部の中でどのような職位にいるかは関係なく，みなさん全員についていえることです。経理部長が経営に関わるのと同じように，経理部門にいる人は誰もが経営の数字に関わっています。

なぜそこまで言い切れるのか。それは，私たち経理は，**通常であれば経営陣しか見ることのできない数字を扱っている**からです。

上場会社でなければ，決算書は社内に共有されていないケースがほとんどです。事業部門や他の管理部門の役職者でも，詳しく精査する人は少ないかもしれません。しかし経理パーソンなら，決算書上で気になる数字があれば会計システムを使って深掘りして調べることができます。

どんな事業や製品，サービスでも，経理を通らない数字はありません。経理パーソンは，自分の会社が何をしようとしているのか，会計という具体的な数値からさまざまな情報を受け取れるポジションにいるのです。

経理だからこそ会社の全体像がわかる

会社は，部門ごとに業務を分担しています。営業部門が売上を稼ぎ，製造部門が商品を供給し，人事部門がそれらを支える人材を採用します。PLで当てはめれば，営業成績は売上に，製造したものは売上原

価に，人材コストは人件費に紐づいています。各部門長は，自部門に関する数字であればいつでも触れることができるでしょう。

一方で，私たち経理部門の業務は，PLを含む決算書すべてが対象です。会社のすべての活動が，数字になり，決算書にまとめられます。会社の全体像をもれなく把握できるといっても過言ではありません。

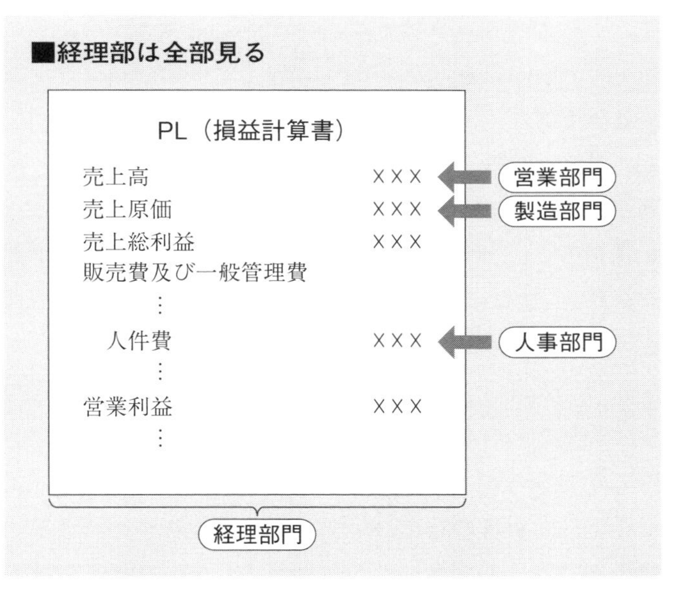

こういった経営のすべての数字を見られるのは，社長と自分たち経理パーソンだけです。そのため，会社に関して他の社員よりも早く情報を知ることができます。会社が好景気の波に乗り始めたときも，逆に倒産などの危機が近づいたときも，最も早く気がつけるのは，やはり経理部門です。

例えば，製品の売上は伸びていて周囲の評判が高かったとしても，内情では売掛金の回収が進まず，黒字倒産する場合があります。経理パーソンはBSを見れば売掛金が滞留していることをすぐにキャッチできますが，社内外でそれを事前察知するのは難しいでしょう。

経理では早く知ることができるだけでなく，深く知ることもできます。なぜそのようなことになったのか，これまでの背景や今後の動きなども合わせて情報が入ってくるからです。

実際に，会社が不振になると経理部門から退職者が出るケースを見かけます。そのため，経理の退職者が増えたらその会社は要注意という話もあるほどです。

経営者の目線にも早くから触れられる

業務に慣れると，経営者向けの資料を作成する場面も出てきます。その際，「うちの社長は技術についてよく聞くなぁ」「同業他社の状況を知りたがるなぁ」など，経営者の関心事や視点を知ることができます。経験が浅い経理パーソンでも，経営者と関わる機会が比較的多くあります。他部門の社員と比べれば比較的早い段階から経営者の目線を知ることができるのです。

残念なことに，経理業務について「新卒で配属されたけど，自分の働きが何の役に立っているのかわからない」という声も聞きます。無理もありません。会社のことも仕事のことも十分にはわからないうちから，かなりレベルの高い経営視点のことを求められているのですから。まずは「**経理とは会社全体を扱う仕事，経営と直結している業務**」と理解すれば，初めは十分だと思います。

実際に経営幹部候補生を採用している会社では，新卒候補生の配属先は経理部門や人事部門であることが多いようです。経理部門・人事部門ともすべての部門に関係するため，将来の経営幹部にとって会社の全体像を理解するのに格好の環境だからです。

希望するしないにかかわらず，新卒で経理部門に配属されたということは，ビジネスパーソンのキャリア育成の観点から考えると非常にラッキーです。もちろん，重要情報を扱うゆえに管理には細心の注意を払う必要がありますが，その手数や負担を十分カバーするだけのメリットがあります。

まとめ

経理の立場を活用して，会社の経営に触れてみよう。

3 経理業務はライフとワークのバランスを取りやすい

経理業務は，やり甲斐を持って働ける「オン」だけではなく，プライベートな「オフ」の場面でも大きなメリットがあるのが特長です。なぜなら，**年間スケジュールの中で繁忙期と閑散期の予想がしやすく，あらかじめ予定を決めやすい**からです。

経理だからこそライフワークバランスがとりやすい?!

経理の中心的なイベントは決算です。年度，四半期，月次決算も定期的にやってくるとわかっています。明確な提出期限に向けて仕事を仕上げるため，期限が過ぎれば仕事が落ち着くのは明らか。そのため経理パーソンの多くは「月次決算が落ち着いた月の半ば」に有給休暇をとっているようです。長い休暇も，繁忙期さえ避けてあらかじめ伝えれば，他部門より取得しやすいと感じます。

私がある企業で経理を担当していたときは，四半期決算発表が終わるごとに１週間程度休みを取ると決め，毎回旅行に出かけていました。当時勤めていた会社は月間フレックスタイム制度を採用しており，月の所定勤務時間をクリアすれば日ごとの勤務時間数は問わない制度でした。

これを活用して，決算発表前に大量に残業した分を発表後に休暇として消化しつつ，数日の有給休暇と組み合わせて１週間の休みにしていました。決算中は大変忙しくても，旅行好きの私は「これが終われば旅行に行ける」という一心で頑張れます。もちろん世の中の連休とはズレるので，旅行費用は安く抑えられます。

ゴールがわかりやすいのもメリット

休暇をとるのが難しい場合でも，決算後は残業なしで退社できるのではないでしょうか。定時退社すれば買い物先は混んでいませんし，飲食店のハッピーアワーにも間に合います。自己学習に励むのもいいですし，ヨガやスポーツジムに出かけて体調を整えるのもいいでしょう。そうすれば，土日はもっと時間のかかる趣味や用事にあてることができます。

決算をさらに早く処理することができれば，もっと自由時間が増えます。他の職種では，業務の完了ポイントがはっきりしないために，仕事を効率化してもさらに仕事を振られるといいます。しかし，経理部門では決算でやるべきことが明確な分，過剰な業務を振られる可能性は少ない印象があります。**工夫次第で自由時間が増やせる**のは経理業務の大きな魅力の１つです。

経理パーソン個人にとって助かるのは，成果物が明確という点です。提出すべき期限の設定に加えて，最終的に提出するカタチが「決算書」としてはっきり決まっています。最終的には「どう数字で表すか」が評価される仕事だと誰もがわかっています。

一方，他部門では人を相手にすることが多いものです。例えば営業の場合は社外の取引先との付き合いがあり，人事は生身の人である従業員が相手です。自分から相手を選ぶことができず，相手によって振り回される可能性が高い業務です。

他人を自分の思うとおりにコントロールすることはできません。しかし経理業務は，他人ではなく数字が主な相手です。仕事上他人に振り回される要素が少ないのは，ストレスがかからず，いいことではないでしょうか。同時に「決算書」という目に見える成果物があるのも，人によってはやり甲斐につながるかもしれません。

経理の明確なルールが仕事のスムーズ化に役に立つ

日常の処理のルールが明確なことも，ストレスを減らす効果があります。

私たち経理パーソンは，簿記や会計基準というルールを拠り所に業務を行います。したがって，このルールに沿ってさえいれば問題になることはありません。言い換えると，**上司や先輩に聞かずに判断できることも多い**のです。これは他の職種にはない特色です。

日頃はこのルールの細かさを負担に感じる方もいるかもしれませんが，明快なルールが存在するおかげで煩雑なコミュニケーションが減るともいえます。マーケティングや人事のように経験や勘が大きな役割を担う仕事の場合，経験が豊富な人との「報連相」が重要になります。上司が替わると部署の雰囲気や仕事の仕方まで大きく変わったという話もよく聞きます。しかし，経理部門ではあまりそういうことがありません。

ビジネスパーソンの最も多い退職理由は，職場の人間関係だといいます。苦手な上司や先輩といった人間関係が影響する度合いが少ないのは，経理部門のいい面だと思います。

まとめ

明確なスケジュールを活かしてプライベートも充実させよう。

4 経理は最も「つぶしがきく」仕事

簿記というルールの効果は，業務上のストレス軽減だけではありません。ルールのおかげで，他の会社の経理に転職した際にすぐ活躍できるのも大きなメリットです。

簿記では売掛金や貸倒引当金といった用語は共通で，会計基準も日本国内の会社のほとんどは同じです。一般に転職後は慣れるまでに１年かかるといわれていますが，経理の場合には簿記という共通言語のおかげで，より早く慣れることができます。現にたくさんの転職者とともに仕事をしてきましたが，多くの人は３カ月程度で日常業務や月次決算業務を問題なく回せるようになります。

転職先でもすぐに役立つ技術のことを，「ポータビリティスキル」といいますが，**簿記を中心とした経理全般の業務知識は，まさに「ポータビリティスキル」**なのです。

経理はどの会社にも存在する

また，あらゆる企業に経理部門が存在しているため，転職先として異業種を目指すこともできます。一般に業界が変わると転職は難しいといいますが，経理の場合，その制約は比較的少ないと感じます。

実際の応募要件を見ても，業界知識として求められるのは「消費財産業の経験があれば尚可」といった「あればうれしい」レベルです。B to B（法人向けビジネス）とB to C（個人向けビジネス）の大きな区分で書かれていることもありますが，厳しく経験を問われるものではありません。

つまり，経理スキルを持ったビジネスパーソンは，常に自分が興味ある業種に挑戦できる環境にいるのです。これは，経理が簿記という共通言語で成り立っているがゆえの大きな特典です。

どんな仕事でも，突き詰めれば「職種×業種」の掛け合わせです。しかし仕事に関する不満としてよく耳にするのは「経理に向いていない」「営業に向いていない」など職種に注目する例が圧倒的です。だからといって，せっかく経験を積んだ職種をまるまる捨ててしまうのはもったいない。もし仮に「職種としての経理」に不満や違和感を感じていたとしても，もう半分の「業種」に目を向けてみてはいかがでしょうか。もう一度「経理×業種」の組み合わせで，別の環境へチャレンジし直してみるのです。

経理スキルは他部門で必要なスキルと比べても専門性が高いものです。業種を変えるパスポートとして，自分のために活用するくらいのしたたかさを持ってもいいと思います。

もし一攫千金を狙いたいのであれば，上場請負屋を目指すのもいいでしょう。株式上場において経理機能は肝ですので，上場が実現できたあかつきには，ストックオプションなど多額の見返りが期待できることもよくあります。

プライベートにも経理は役に立つ

プライベートを重視した転身もあります。

経理パーソンは派遣社員でのニーズも非常に高く，いろいろな規模の会社に働き口があります。決算期だけの短期間，週３～４日勤務の求人もあります。

最近流行りの副業として小さな会社の経理を週１回で請け負う，在宅で行う，という働き方を選んでもいいでしょう。経理スキルを求める会社は多いので，趣味や介護，育児といった自分にとって大事なことと両立しながら職を決めるのも可能です。

少し視点を変えると，個人生活でも経理のスキルは役立ちます。例えば給料から控除されている社会保険料や税金の仕組みについて，経理パーソンはよく知っていますが，他の人は十分に理解していないことがよくあります。

実は，給与計算の間違いは，みなさんが思っているより頻繁に発生します。優秀な経理パーソンは毎月自分の給与明細を電卓でチェックしています。また，経理パーソンには「ふるさと納税制度」を早くから活用している方も多いようです。

なぜそれができるかといえば，経理を通じて身につけたスキルと知識があるからです。決してわかりやすいとはいえない公的機関のホームページを解読したり条文を読んだりということに抵抗感が少ないためにできることです。

「老後2,000万円問題」に備え，iDeCoやNISAといった制度を理解して活用することもそれほど難しくないでしょう。経理の知識はご自身のためにも十分役立つのです。

まとめ

経理だからこそ，好きな会社や業種に関わろう。

5 AIは敵ではなく，仕事を面白くする味方

AIに仕事を奪われる代表的な職業として，経理が挙げられているのをご存じの方も多いと思います。このような報道を見るたびにみなさんが不安を感じるのも，もっともなことです。

昭和の時代には，和文・英文タイピストや電話交換手といった仕事が存在していました。駅改札でも昔は切符にハサミを入れる駅員さんが立っていましたが，自動改札が当たり前になった現代では見なくなりました。平成生まれの方はそのような仕事があったことすらご存じないかもしれません。技術の発展に沿ってさまざまな職業が消えていくのは世の常ともいえます。

AIの影響は思うほど急ではない

ただ，流れはそこまで急とは限りません。現にAIについても今は第３次ブームといわれて以前から話題にはなっていましたが，現実味を帯びてきたのがつい最近のことです。

先日，エイチ・アイ・エスグループが運営している「変なホテル」へ行ってみました。先進技術を使ってロボットが業務を行うスタイルが注目されていて，多言語対応のロボットたちがチェックイン・チェックアウトの手続きを行う，SFを具現化したようなホテルです。

しかし，私のチェックインではたまたまロボットがうまく認識せず，困ってしまいました。すると，すぐに裏から人が出てきて対応してくれたのです。おそらくモニターで見ているのでしょう。朝食会場は他のホテルと同様に人間が案内し，多くの係の方が忙しそうにルーム清

掃しているのも見かけました。

これが現実の姿だと思います。つまり，**定型化された一部の業務は確かにAIに置き換えが進んでいくでしょうが，すべてがすぐに置き換わるわけではありません。**そしてAIに人間たちの仕事を伝えるにも時間がかかります。明日からいきなり自分の仕事が奪われるのではない，という前提を理解することが大事です。過度にAIを恐れる必要はありません。

それどころか，AIを導入した会社の従業員の４分の３が，導入の効果として意欲が上がったと答えています（「イノベーションへの対応に向けた働き方のあり方等に関する調査」（独立行政法人労働政策研究・研修機構，2017年11月））。誰にでもできる簡単な単純労働はAIに任せ，その分できた余剰時間を創造的な業務に回すことができたからのようです。

みなさんにも嫌々やっている単純業務があると思います。それをAIに任せ，私たちは**人間にしかできないやり甲斐のある業務に集中することができるのであれば，AI導入は悪い話ではありません。**

AIや，最近経理で増えてきたRPA（ロボティック・プロセス・オートメーションの略）を導入する場合，経験の浅い方にはより大きなチャンスがあります。これまでの経理業務では「長年の勘がものをいう」とされて，確かに経験があるベテランにとって有利な部分がありました。しかしRPAを導入するには，すべてを具体的な指示として「見える化」しなくてはいけません。指示を作成する過程では必ず視点や手順が明確になります。これらの情報は若い方にとっては成長するヒントになります。

AI後の経理を目指して身につけておくべきこと

変化は急ではないものの，いつかはAIによって大きく影響を受けるのは明白です。おそらく現在30代以下の経理パーソンは，社会人人生においてAI導入を前提に業務を行う日が来ると思います。AIに作業をしてもらうために仕組みを作ったり，AIでは対応しきれないイレギュラーな事柄のフォローを担ったりするのでしょう。もしくは，空いた時間で人間らしいコミュニケーション主体の業務を行っているかもしれません。

財務分野の先進的な取り組みで有名なオムロンは，2015年度の統合レポートによると，ROIC（投下資本利益率：Return on Invested Capital）という財務指標の伝道師の方が社内にいて，現場に赴き，指標の正しい理解と普及に努めているそうです。このように，経営者や各部門が会計を活用するための業務が今後は増えてくると予想します。

これらの業務は，従来なら経理部門の中で上司が担っていたものです。つまり，AI化が進んだ時代には，担当者であっても今より早回しでいろいろな経験ができるともいえます。また，部下がいないために自分で行っていた業務について，AIを部下として作業してもらうこともできます。

AIは絶対に間違えることなく，不満も言いません。私はチームメンバーが減ったとき，その方にやってもらっていた日次のレポート配信業務を，Excelマクロを使って自動化したことがありました。自分の苦手なこと，できないこと，あるいはやりたくないことこそ，AIなどの自動化の仕組みに任せてしまうのです。特に単純作業はITの得意分野です。

ただし，便利になるとわかっていても，人は変化を嫌います。多くの人はそうです。やり方を変えるのは面倒で，うまくいくかどうか不安だからです。しかし，変わることを恐れて避けてしまうと，それこそ手遅れになるかもしれません。まずは，どのようなものなのかを知るようにしましょう。

経理の世界も，これまでも絶えず変化を続けてきました。

分厚い紙の帳簿と電卓から会計システムに切り替わり，最近ではAI活用をうたったクラウド会計ソフトを使う会社も増えてきました。仕訳の提案や消費税増税などのシステム対応の手数削減などで人気のクラウド会計ですが，すべての会社が導入しているわけではありません。

実際の変化は意外に緩やかです。その時間差を味方にして，広く普及する前に自分が知識を身につければいいのです。

まとめ

AIを恐れすぎず，変化を知りながら少しずつ備えよう。

6 経理パーソンなら専門を活かす道が３つ開ける

一度経理パーソンになったからといって，誰もがずっと経理パーソンであり続けるとは限りません。もちろん本人の望み次第ではありますが，経理経験者として今後の進路には大きく３つの方向性があります。

■経理パーソンが専門性を活かす３つの道

- ☑経理のスペシャリストとして極める
- ☑経理以外の部門に転じる
- ☑経営層を目指す

経理の道を極める

１つ目は，経理のスペシャリストとして生きていく道です。これは**経理パーソンの王道**と呼べるかもしれません。

前述のとおり，AIなどのテクノロジーの進展により，これまでとは経理業務の内容が変わってくると思われます。その中でも生き残れるように，AIを使って業務効率化するスキル，他部門と渡り合えるコミュニケーション能力などを身につけたほうがいいでしょう。

おそらく，現業務の大半を占めている伝票起票などの単純業務は大きく減っていきます。もしくは人が行う業務ではなくなります。第２章以降では，それを見越して生き残るために役に立つ能力と，今の業務で磨けるスキルを取り上げますので，ぜひ参考にしてください。あえて希少な専門性，例えば国際税務に詳しくなる，特定の業種の経験を豊富に積む，というのもいいと思います。

経理のスキルを他で活かす

２つ目は，経理スキルを活かしながら経理以外の部門で活躍する道です。いわゆる**社内でのヨコ移動**です。

経理と親和性がある部門でいえば，IRや経営企画があります。

IRは広報の一部門としている会社も多くありますが，通常の広報と異なり投資の専門家に対してコミュニケーションするため，会計知識がないと難しい分野です。本当は広報がやりたかったという方も，会計を武器にIRの専門家として広報に移るのも夢ではありません。

経営企画も人気が高い業務ですが，経営戦略に詳しい社員が中心で会計や数値について苦手な印象があります。経理部門を経て経営企画部門に移った自分の経験を踏まえても，会計の知識を活かして経営企画で活躍するのは十分可能です。特に管理会計の知識は経営企画に即活用できます。

営業やマーケティングといった事業部門に移る手もあります。大きい会社では，部門内に予算管理や数値管理の専門担当者を置いています。長年在籍した経理部門からマーケティング部門や営業部門に移ってこれらの業務を一手に担い，信頼を得て大活躍している知人が何人もいます。事業部門の後工程にいる経理部門が何を気にするのかを十分知ったうえで，双方にとって合理的な解決策を提示できるためです。元経理パーソンだからこその方法だといえます。

経営者を目指す

３つ目は，経営層を目指す道です。これは**社内でのタテ移動**です。

アメリカでは，取締役のスキルの重要な要件にアカウンティング（経理）とファイナンス（財務）が必ず入っています。実際に，アメリカのマクドナルドやコカ・コーラでは，取締役の全員がこのスキルを持っていることが公開されています。つまり，数字がわかることは，経営者にとって必須スキルとみなされているのです。

実際にディズニーで私の上司だったCFOは，その後大手テレビ局のCOOになりました。アメリカだけでなく日本でもその潮流が始まっています。以前，プロ経営者として有名な方が，CFO向けの講演会でこうおっしゃっていました。

「CFOに望むことは，ＦをＥにすることだ」

CFOがCEOになる，つまり財務部門のトップに留まるのではなく経営のトップを目指すべきという意味だと思います。同時に，経理パーソンの延長線上には，CFOだけではなく広く経営者のポジションが待っていることを示しているのです。

以上紹介した３つの道は，すべて今いる社内での動きを前提にしています。仕事は「職種×業種」という話をしましたが，上記の３つは経理スキルを活かして経理という「職種」を替える話です。

もし転職も候補に入れるのであれば，「３つの道×業種」の数だけ選択肢が広がります。会社数で数えたらそれこそ星の数ほどあります。みなさんの可能性は無限にあるのです。経理パーソンが身につけたスキルの強みをはっきりと認識して，自分の希望に沿った道を選びましょう。

まとめ

３つの道を軸に，自分の方向性を考えてみよう。

第２章

「社内・社外・将来」の３区分でキャリアを見直そう

経理パーソンが自分のキャリアについて見直すとき，何も指針がないまま考えるのはとても困難です。過去と未来をうまくつなげるヒントを得るにはどう見直せばいいか，この章で紹介します。

1 経理パーソンのみなさんは謙虚すぎます

経験したと言い切っていい

長年の経験から，一般に経理パーソンはアピールがあまり上手ではないと感じます。どこか奥ゆかしく，謙虚です。私たちの仕事は正確性が大事なので，丁寧な基本姿勢が身についているのでしょう。

完璧主義者も多い印象があります。以前，上司として臨んだチームメンバーとの評価面談の場で，新しく担当した仕事についてメンバー本人がまったく触れないことがありました。その理由を尋ねると「まだ（業務を教えてくれた）先輩のように１人ではできないので」とのこと。**せっかく真面目に取り組んでいるのに，その姿勢と得られた学びについて何もアピールしないのは非常にもったいない**と感じました。

必ずしもその段階で先輩のレベルに達していなくてもいいのです。経理の業務では，未経験に比べたら「一度経験した」という事実だけでも大きく有利になりえます。経理の業務範囲は広いため，特定の業務に習熟している人を探すのは難しいという事情もあります。習熟していなくても経験さえあれば，立派なアピールポイントになるのです。

もちろん実務では，正確性や完璧さが必要な場面もあるでしょう。しかし，自分のキャリアを考えるときは少し楽観的すぎると思うくらいに考えてみてください。もともと謙虚すぎる経理パーソンなら「楽観的すぎる」くらいが心構えとして適量です。

仕事柄，これまで数千人の経理パーソンに会ってきましたが，みなさん，かなり控え目に自分のことを語ります。そのたびに「せっかく能力が高くて，こんなに経験の蓄積とのびしろがあるのに」と惜しい気持ちが湧いてきます。

確かに私は多くの経理パーソンに会っているから比較できる側面もあります。また，経理周りを中心にいろいろな仕事を見てきたので「こういう仕事にはこういう人が向いている」とマッチングを見出しやすいかもしれません。いずれにしても，ただただ残念なのは，多くの場合，ご本人はそのことにまったく気がついていないということです。あまりにもったいないのです。

経理は部門をあげて決算を締めるのが大事な仕事ですので，チームワークを大事にする会社も多くあります。そのためなのか，会社や部門の状況については話せても，自分自身が何をやっているのか十分に語れない人がいます。

しかし，転職が増えてきた現代において，今のメンバー構成がずっと続く可能性はとても低いでしょう。**時々でもいいので「自分」を主語にして考えてみることが必要です。**

まずは日常業務に目を向ける

みなさんの中には「AIに仕事を奪われる」という報道を見て自分たちの将来のキャリアが気になる方も多いと思います。**将来を考えるにしても，自分のベースになるのは社内で今自分が担っている日常業務です。**

私が採用面接を担当している際，必ず日常業務を中心に聞くようにしていました。中途採用の面接であれば実務に関する話のネタに事欠くことはないはずです。同時に，こちらも同様の業務をやっているため，その内容をイメージしやすいからです。しかし，実際に日々携わっているはずの業務内容や社内での位置づけ，自分が感じているやり甲斐までを説明できる人はごくわずかでした。毎日やっている仕事なのに，です。

職務経歴書でも同様の傾向が見られます。おそらくご本人はさまざまな経理スキルを身につけて経験を積んでいるはずなのに，経歴書上で言語化されていなければ相手にはまったく伝わりません。質と量の点から経験年数に見合った内容が書かれていないと判断した場合は，面接を見送ることも多くありました。これは個人にとっても企業にとっても大きな損失です。

どんなに小さなことでも日常業務はすべての基本です。決してないがしろにせず，大事に向き合ってください。向き合う習慣がない経理パーソンには，どうすれば自分のキャリアを見直し，棚卸ができるのかを次の節で解説しますので参考にしてください。

日常業務を見直しながら，日常業務を活用したスキルの磨き方も述べていきますので，ぜひ読み込んでください。

社内・社外・将来の３区分で自分自身を見てみる

ここでみなさんに提示したいのは，経理パーソンのキャリアについての３区分，**「社内・社外・将来」の意識化と見直し**です。これまでの実務者としての経験や採用担当者としての経験から，これらがまるまる経理パーソンに不足しているのではないかと感じたからです。

経理業務３年未満のまだ経験が浅い方，経理初心者であれば，この順番で見直してじっくり取り組むのをおすすめします。逆に，３年以上経験を積んだ人や転職などを検討している人は，自分が今携わっている「社内・社外・将来」の領域について並行して見直し，取り入れてもよいと思います。

なぜ経理パーソンにとってこの３区分が大切なのか，次節から説明します。

■経理がキャリアを考える３つの観点

☑社内

☑社外

☑将来

まとめ

将来に向けてまず自分自身を知り，語れることを目指そう。

2 社内：できること・自分の役割を整理する

自分のキャリアを見直すには，社内で担当している業務を通じてどのような能力や経験を身につけているのか，棚卸が欠かせません。ここでは将来どうしたいか，この先はどうするか，という課題はいったん横に置いておきましょう。まず，自分が経理パーソンとしてこれまで経験してきたことを整理します。

会社での評価をよく見てみる

ひょっとしたら「自分のことだけどわからない」という方もいるかもしれません。そのときは自分への評価を活用してみるのも手です。年度内にあなたが実施した業務について，1年ごとに上司が評価してくれた評価用紙があれば，そのコメント欄を見てください。ここに書かれた情報は，他人から見たあなたの分析結果です。

上司が評価を記入する際には，他のメンバーにもヒアリングすることもよくあります。書かれた内容は評価者である上司個人の判断というよりも，経理部門全体からの評価と捉えていいでしょう。

評価用紙には，マイナスとプラスの項目が混ざっているかもしれません。実は，みなさんはプラスを見るだけでも十分です。マイナスを改善するのも大事ですが，**多くの経理パーソンは「マイナスを十分カバーしてお釣りがくるくらいのプラス」を持っていることがほとんど**だからです。

先輩の何気ない一言も自分を知る材料になる

正式な評価だけではなく，雑談の中で同僚や先輩が発したコメントや，メールに書かれていた感謝の言葉なども参考になります。これらは，もらったときにメモをしておくといいでしょう。保管しておけば後で参考にできます。

実際に私は評価用紙をすべて保管し，またそれ以外でもらったコメントもまとめてメモしておきました。例えば，私の場合は上司の評価や同僚からのコメントで，“challenge the status quo”（現状を打破するという意味）としばしば言われたので，気に入ったこの言葉を手元に控えておきました。このように，何度も言われた，または特徴的だと自分で感じた「キーワード」を抜き出しておくだけで十分です。

このような自分のためのメモは１カ所にまとめて入れておくといいでしょう。社外でも目を通せるように，例えばEvernoteのようなクラウド上の情報管理ツールに「マイキーワード」などとタイトルをつけて，キーワードを放り込んでおくのでも構いません。評価用紙をスキャンして一緒に入れておくのも情報の一元化につながって便利です。必要なときに「あれ，どこにあったかな」となりがちですので，評価のタイミングに合わせてとりまとめておくと，後から利用しやすくなります。

これらは，すでに言語化されていることに加え，他人からの発言ゆえに客観性が高いことがメリットです。ここでは「私なんて」「こんなに褒められるはずがない」などの奥ゆかしさは発揮せずに，いただいた褒め言葉をまっすぐ受け取っておきましょう。「そのとおり」と思ったことや褒められて嬉しかったものに目印をつけておくと，自分の価値観も見えてきます。

評価を活用するもう１つのメリットは，これが定点観測になることです。決算に追われて忙しいため，経理の方は，在庫はしっかり棚卸しても「自分自身」の棚卸を忘れがちです。**毎年評価の時期が来たら，**

自分の強みの棚卸もセットで行いましょう。

自分が正しく理解されるためには，まずは自分を理解する

自分の強みの棚卸は社内でも役に立ちます。多忙な上司は，みなさん１人ひとりの強みをはっきり認識していないケースがあるからです。

上司または自分が異動してきたばかりの場合は情報が少ないので，自分自身でしっかり自分の強みを説明できるよう準備するのをおすすめします。これまでの実績で主なものをサッと挙げられるとさらにいいでしょう。前述した「正確性と速さ」のいずれかの観点に紐づけられると，部門にとってのメリットがわかりやすくなって重宝されます。

これが実践できれば，自分の強みを説明できない人と比べて適切な仕事が与えられる可能性が高くなるはずです。人材の適性を生かして仕事を割り振ることができれば，会社にとってもより高い成果が期待できます。**自分の棚卸は，自分と会社両方のためになるのです。**

すでにみなさんは，自分が思うよりも多くの仕事をこなしています。日常が忙しいために忘れてしまっているだけです。それを忘れずに活かせるよう，何か新しい業務を担当した場合にはその業務名を，何か改善できたならその成果を必ずメモしてください。例えば，「滞留売掛金の一掃プロジェクト」「滞留率を５％から３％に削減」といった程度で結構です。**自分には素晴らしい経験の蓄積があることを，誰よりも自分自身が知ってあげるようにしましょう。**

まとめ

> 経理パーソンとしての自分の評価をしっかり把握しよう。

3 社外：自分・自社の座標を客観的に確認する

社内での自分の強みの棚卸ができたら，次は社外における自分の座標・位置に目を向けてみます。

つい社外でのキャリアを考えてしまう人は多いのですが，私は社内→社外の順番を守ることをおすすめします。順番を逆にすると，まだ強みを意識できていないのに社外の人や環境と比較してしまい，「周りはすごいのに，私はダメだ」とモチベーションが下がってしまうおそれがあるためです。

「Excelなんてみんな使える」は本当？

社内での自分の強みを知った後に社外に目を向けることで，自分や自社の位置づけを確認することができます。まず棚卸からわかった自分の強みが社外でも役に立つかどうか，探ってみましょう。

例えば私が在籍していた日本マクドナルドは，Excelが得意な人がとても多い会社でした。私は当時初めての事業会社だったために，しばらくその事実に気がつかなかったのですが，他社の人と話していてわかったのです。それ以降，私は積極的に周囲からExcelのテクニックを学び，その後の転職先では「Excelが得意な人」としていろいろな業務改善に関わることができました。Excelを使いこなしている人が多い会社で経験を積んだおかげで，レベルの高いスキルが身についていたからです。

日本マクドナルドの同僚たちはこの事実をあまり重視していませんでした。社内で流通する高いExcelスキルの存在があまりに当たり前過ぎたので，社外の人たちと比較して勝てるスキルだとは思わなかったのかもしれません。しかし，Excelといった単なる経理ツールでも，自分の強みや付加価値になりうると実感した例でした。

社外に目を向けるのは，転職のためだけではない

また，社外に向けてアンテナを張ると他社の事例に関する情報が集まります。経理の業務はどこも似ているため悩みも共通です。最近であれば，収益認識基準の対応やRPAの導入状況がよくニュースとして耳に入ってきます。

他社事例は自社の課題の解決材料になることもよくあります。社内で自社のメンバーだけで議論していても情報量には限りがあり，話が堂々巡りになってしまうケースはよくあるのではないでしょうか。しかし社外のニュースに敏感でいると「これは自社で応用できるかも」「こんなツールが出たのか」と，新しい視座を得ることができます。結果として，社内業務を効率的に進めることができるのです。

「社外に目を向けよう」というと，早々に転職をすすめていると思われることがありますが，必ずしもそうではありません。社外に目を向けて「転職する」というより，社外に目を向けて「転職できるようにしておく」ほうが大事です。実際に転職するかは別の話です。「したい」と思ったときに動ける自分でいるために「社外に目を向けよう」と呼びかけています。

人生100年時代といわれる私たちに対して，会社の平均寿命は24年といわれています（東京商工リサーチの調査結果。2018年に倒産した国内企業を対象）。この数字からでも，今の会社にずっといられるかどうかはわからないと想像できると思います。事業譲渡や合併などで自分の会社が大きく変化する可能性もあります。「このような事態は大体自分の意思や希望にかかわらず起こる」という事実を，頭の片隅

に入れておかなければいけません。

だからこそ，今後同じ経理の仕事を続けるとしても，**他社の常識や世の中の常識を知っておくに越したことはない**と思います。そして，いざ必要になったとき準備してきた情報やスキルを使って転職できればいいのです。つまり，いざ必要になったときに転職できる状態にあることこそが大事なのです。

経理パーソンは，経理パーソンならではの方法でこの危機に備えられます。せっかくの専門職という自分の強みと仕事で得られたスキルや付加価値は，ぜひ最大限に活用しましょう。

まとめ

社外や市場の目線で自分を見てみよう。

4 将来：意外と強い，経理パーソンのスキル

経理パーソンに限らず，すべてのビジネスパーソンに必要なスキルとして「会計」を疑う人はいないと思います。

試しに本屋のビジネス書のコーナーに行ってみてください。会計に関する本がたくさん並んでいます。『週刊東洋経済』や『週刊ダイヤモンド』といったビジネス誌でも鉄板テーマとして毎年会計を取り上げています。中身を見てみると，どれもみなさんにとっては当たり前のことも多いでしょう。なのに，なぜこんなに売れるのでしょうか。

それは，世の中にはまだまだ会計がわからない人が多いからです。

会計の知識は，ビジネスパーソンとしての大きな強み

日本のビジネスパーソンにとって，会計を勉強する機会はそれほど多くありません。商学部出身者や簿記を学んだ人でない限り，会計について理解していない人がほとんどでしょう。経理経験者にとっては当たり前と思われるレベルの内容ですら，知られていません。

毎日経理を扱っているとあまり意識しないかもしれませんが，実は**会計を理解した経理パーソンはビジネスパーソンとしてとても有利**なのです。そして，多くの経理経験者は，会計知識のほか数字全般の扱いにも長けています。これは特筆すべき長所なのです。

みなさんはぜひこのことを自覚し，自信を持ってください。

会計を教えるのも喜ばれる方法の１つ

社内外で知識を活用する方向はいろいろあります。例えば他部門のメンバーが会計に弱いのであれば，出向いて会計の簡単なレクチャー

をすると喜ばれます。経理パーソンにとっても「どのように説明したらわかってもらえるのか」を試せる場になるので，コミュニケーションの練習になります。このような経験を通じて自分が説明するのが好き・得意と気づけば，そのスキルを伸ばすのもよいでしょう。

通常の会計や経理のスキルに軸足を置きながら周辺領域に足を延ばすスタイルは，バスケットボールの用語にならって「ピボット」と呼ばれます。会社や経理のスキルはどの業種・どの分野でも欠かせないので，この「ピボット」にとても向いています。

周囲が苦手だからこそ，自分の価値が光る

一般に，会社が一定規模になるまでは社内に経理パーソンを置かず会計事務所などに経理を代行してもらうことがよくあります。記帳代行といわれるものです。この背景には，会計に関わる一連の作業について「細かくて面倒」というネガティブ意識があると感じます。実際に私の周囲でも，帳簿づけを避けるために白色申告をとっている個人事業主も少なくありません。

これは，むしろ経理パーソンにとって大きなチャンスです。周囲が嫌う作業，不得意なスキルをすでにみなさんは身につけているからです。それも会社から給料をもらいながら，毎日スキルを磨く環境にある。これもみなさんの将来の助けとなるはずです。

将来を考えるとき，自分のキャリアについては「経理パーソンではなくビジネスパーソンの一員」として見直すと新しい道が開けます。

まとめ

ビジネススキルとしての会計力も活用しよう。

5 実は「語学」は要りません

長年，ビジネスパーソンにとって英語学習は大人気です。私も週末にTOEICを受けたり，GABAやベルリッツなどの英会話学校に大枚をはたいて通った時期がありました。しかし，経理パーソンには必ずしも語学が必要とは限りません。外資系の会社で長年勤めたからこそ，そういえます。

英語はどの業務にどの程度必要なのか見直す

実は，本当に英語力が必要なのはごく一部の経理パーソンだけです。

例えば，世界各国に子会社や事業所を持つ大手のグローバル企業に在籍し，グループ会社管理を担当するような業務であれば必須でしょう。そのほか考えられるのは，海外にルーツを持つ外資系企業で働く経理パーソンです。本国とのやり取りではおそらく英語が公用語ゆえ，業務上の連絡や意思伝達には欠かせません。

逆にいえば，上記に当てはまらない業務なら英語力がなくても大丈夫です。なぜなら，日常業務で英語力を求められる可能性が限りなく低いからです。国内の大半の会社にいる経理パーソンがそうではないでしょうか。

どのスキルが必要なのか，細かく定義する

さらに，英語力が求められる業務でも必要なスキルは絞られます。英語にはライティング／スピーキング／リーディング／リスニングと大きく分けて４分野ありますが，すべてを駆使するとは限りません。

外資系企業やグローバル企業で管理職になると，確かに電話会議な

どでリスニングやスピーキングが必要になります。しかし多くの場合，ライティングやリーディングのほうが必要度合いが高いでしょう。

ライティングといっても，メールに使うのか，レポートを作るのか，プレゼン資料を作成するのかでは，必要な語彙が異なります。

また，メール作成の機会が多い場合でも，その内容は資料の督促や簡単な問い合わせなどごく一部の内容に偏っているはずです。レポートを作るとしても一から組み立てるケースはほとんどなく，すでにあるフォーマットに数字を埋めたり，簡単にコメントしたりする程度で済みます。経理の場合は表形式が万国共通なので，形式から見て推測できることが多いのも助けになります。

テンプレートとコピペで業務を回すという手もある

実際に英語を使う場面とそこで必要なスキルを特定してみると，経理では必ずしも高度な英語力が求められていないことがおわかりいただけると思います。

対応方法も工夫すべきでしょう。メール作成なら，過去に書いた文章例をテンプレートとして保管しておいて使い回せば便利です。上司や同僚が使っていた上手な表現をコピペするのも効率的です。

仕事で英語を使う場合，本質的な英語力を高めるというより，業務に支障を生じさせないことが目標ではないでしょうか。そのレベルであれば，わざわざプライベートの時間を割いて書籍や講座で勉強しなくても実務の中で対応する方法がいくつもあります。

外部で学ぶときも自分の実務に近い形で学習できる方法を選ぶといいでしょう。最近は経理パーソン向けの専門英語学習コーチングなどもあるようです。旅行英会話や一般的なビジネスシーンを題材に学ぶより即効性が期待できます。オンライン英会話でも，海外の公認会計士資格を持っている講師や経理の経験がある講師を選べば，経理用語を身につけやすくなります。

もし自分の仕事に英語が必要なのかよくわからない場合は，直近の半年で英語が必要だった機会がどれだけあったのか思い出してみてください。10回以下なら頻度は低く，身につけたとしても割に合わない可能性が高いといえます。

もちろん，これからの日本社会の変化やプライベートを考えると，英語ができないよりはできるほうがいいに決まっています。しかし，英語を勉強するために多くの費用や時間をかけるべきか，優先順位が本当に高いのかは，考える余地があります。会社の投資と同じように，みなさん個人にとって有効な投資となるかどうかが判断するポイントです。ご自身のケースを徹底的に分析してみてください。

まとめ

英語は本当に必要なのか，慎重に考えてみよう。

第3章

社内

日常業務でまだまだ磨けるスキル

この章では，社内でも可能なスキルアップについて紹介します。ポイントは日常業務の活用です。経理の経験が浅い人や自分の強みがまだ把握できていない人は，ここから始めてみてください。

1 日常業務は「学びの宝庫」

「できる経理パーソン」は，必ず日常業務がしっかり回せます。オフィスで「経理部門のエースは誰ですか」と聞くと，共通する１人が挙がることが多く，例外なくその人は日常業務に長けています。担当している日常タスクはそつなくこなし，余裕があります。周囲から何を質問されてもパッと回答するか，必ず答えにつながる人を紹介してくれるので評判も上々です。

どうやったら，みんなが認める経理パーソンになれるのか。答えは簡単，日常業務にしっかり取り組むことです。

外に目が向きがちなまじめな経理パーソン

当たり前と思うかもしれませんが，実際には「実力をつけたい」と考えて，社外に答えを求める経理パーソンが大半です。「グローバル時代だからIFRSを勉強しよう」「資格の学校で税理士の勉強をしよう」など，社外でルールの勉強に熱心に励む人が多くいます。

誤解してほしくないのですが，社外での勉強が悪いと言っているのではありません。経理を始めて３年目ぐらいのキャリアなら，日常業務からまずは学んだほうが効率がいいという話なのです。

社外での勉強は体系立っていてしっかりしたテキストがあり，勉強したらその分の手応えや満足が得やすいものです。一方で，社内の実務は全体像がわかりにくく，なかなか習得した気がしません。

だから社外で学ぼうと考える気持ちはよくわかります。しかし，**社外で学べる汎用性が高い知識は，裏返すと日々の実例にはそぐわず，**

意外と即効性が低いものです。例えば，日常業務で会計基準の知識が問われる場面がどれだけあるのか考えてみてください。毎日駆使しているという方はほとんどいないでしょう。おそらく月に１，２回程度なのではないでしょうか。つまり，知識としては蓄えられますが，すぐ使えるとは限らないものが多く含まれているのです。

日常業務はインプットかつアウトプットの場

結局，経理パーソンが何で評価されるかといえば，「社内でどれだけ活躍できるか」，特に求められるのは「**日常業務の中でどれだけ周囲に役に立てるのか**」です。つまり，日常業務こそが学びの源であると同時に，日常業務こそがスキルを応用すべき場です。退屈な日々のルーティンではなく，インプットかつアウトプットの場として日常業務を捉えてみてください。

日常業務から学べば，試したいと思ったときにすぐ日常業務で試せます。試行して成功／失敗を経験し，その原因と対策を考え直してまた試す。このサイクルを早く回すほど加速度的に成長できるのは，みなさんの想像のとおりであり，日常業務はまさにそれを実践する格好の場所です。

わざわざ社外で学ぶことをしなくても，目の前にはフィールドが広がっています。成功すれば評価にもつながるので，この面でも即効性があるのです。

まとめ

日常業務を大事にして，コスパよく成長しよう。

2 現在の自分の「正確さと速さ」をチェックする

第１章で，経理パーソンはまず「正確さと速さ」が必要と述べました。では，どのくらいの速さを目指したらよいのでしょうか。

まずは部門のスケジュールを守る

基準となるポイントは，「部門で決められたスケジュールを守ることができているかどうか」です。間に合わない場合があるなら，その原因を突き止めて早急に改善しましょう。

私たちの仕事の目的は，最終的に１つの決算書を作ることです。もし自分が担当する部分が遅れてしまったら，それがたった１枚の伝票だったとしても決算は締められません。ジグソーパズルと同じで，すべてのピースが揃わないと意味がないのです。

いつもスケジュールより遅れてしまう，その問題を１人では解決できないというのであれば，積極的に先輩や上司の力を借りてください。その際，どのタスクにどのくらい時間がかかるのか，どの作業が苦手なのか，あらかじめ状況を整理してから相談するようにします。あなたの業務についてあなたの言葉で説明できることが，解決につながる第一歩です。

優先順位づけが正しくできるかどうか

決まったスケジュールから遅れることがほとんどないのであれば，次の段階として「複数の手持ちタスクの中で優先順位づけが正しくできているかどうか」を確認してみましょう。

やりたい仕事から手をつける，気分で決めるというのももちろん１

つの方法です。しかし，取捨選択には客観的な物差しがあったほうが周囲にも説明しやすく合理的です。例えば「後工程で多くの人の作業につながるものを優先する」「経営陣の関心が高いものを優先する」など，基準を決めて意識してみましょう。将来管理職になったときは，部門として優先すべき作業を指示する立場になります。そのときの「なぜ」という問いには，理由がないと答えられません。

また，上の立場になるほど他人の作業内容も知っていなくてはいけませんし，経営者への報告用資料の中身も知る必要があります。小さくとも日々の業務の中で１つずつ優先順位やその理由を意識すると，情報を精査するセンスが研ぎ澄まされます。

自分の速さを達成できたら，部門の速さにつながる行動がとれているかを確認すると，さらに上のレベルに成長できると思います。

正確さは，速さと対立するものではない

経理パーソンに欠かせないもう１つの要素，「正確さ」はどう取り組めばよいでしょうか。

「正確さと速さ」は対立するものと思っている人が多いかもしれません。しかし，実はそうではないのです。

例えば，決算の早期化に最も効果がある施策は，「**作成するファイルの数を減らすこと**」です。決算早期化で有名な会計士の先生は「決算フォルダの中のファイルを見れば，決算発表日を当てることができる」と言います。なぜなら，ファイルの数が多ければ作成にそれだけ時間がかかり，上司のファイル承認に要する時間やファイルを利用する同僚のかかる時間も予想できるからでしょう。

例えば，同じようなファイルがいくつも作成されているのをしばしば見かけます。聞いてみると，担当者は「似ているとは思ったけど，

前任者も２つ作っていたので…」と答えます。そのまま作成を続けていれば，２倍の時間を要します。確かに，本当に要らないのかの検討をするには，前任者や上司に確認したりと手間はかかりますが，一時のことです。この手間を惜しんで毎月膨大な作業を行う会社が多くあります。

このように，ファイルの数を減らせば，すぐに速さにつながるのは明白でしょう。同時に，ファイル数の削減はミスも減らします。作るファイル数が減ると各ファイルにかけられる時間が増え，集中して作業ができるようになるからです。これまで時間を十分に割けなかったチェックを念入りにできるようにもなるでしょう。このように，速さと一緒に正確さも手に入れることもできるのです。

多忙な経理パーソンほど，このような一石二鳥のやり方を探すと得をします。

1円単位で合わせることにこだわらない

「正確さ」の度合いも，必ずしも完璧である必要はありません。「正確を期すために必ず１円単位で合わせなくてはいけないか」といえば，場面によってはそこまで求められないことも多いからです。

「財務諸表論」を勉強したことのある方はご存じのとおり，会計の原理原則を定めた『企業会計原則』には「重要性の原則」があります。これを見ると，「決算書を使う人が理解するのに困らなければ，完全に正確でなくても構わない」という趣旨のことが書かれています。

実際にどのくらいの金額まで大丈夫なのかは会社の規模にもよりますが，売上数百億円にもなる会社の会計が１円単位でこだわってもあまり意味がないというのは想像がつくと思います。その当たり前の感覚は『企業会計原則』できちんとルール化されているのです。

この考え方の存在を知ったうえで自社の規模に基づいて判断できれば，効率的に経理作業ができます。

まとめ

自分の正確さと速さは合格点かを確認しよう。

3　1カ月を4分割して実務時間を短縮する

月次決算は月の半分で終えるのが理想

月次決算を始めてから終えるまで，みなさんの会社はどのくらい時間をかけていますか？　理想としては月の半分で終えられるスピード，つまり10営業日くらいで完了させるのがベストです。

経理がまとめる決算情報は会社にとって大事な経営情報，という話はすでにしました。月ごとにまとめる情報が経営陣のもとに届くのが月末というのではあまりに遅く，データは翌月からしか活用できません。それにまるまる1カ月かけて月次決算を締めているようでは，その経理部門は月次決算以外の業務ができなくなってしまいます。

経理パーソンが辞める時期として多いのは決算直後だといわれています。中でも決算のための作業時間や残業時間が多い会社は，疲れがたまるからか，この傾向が顕著です。経理パーソンの真面目さゆえか，決算だけは責任をもって締めよう，辞めてからゆっくりしようという人が多いようなのは，少し切ない気がします。

1カ月を4分割してフェーズごとに区切る

そこで，部門として余裕ある決算処理を行い，日常業務の負担を軽減するためにおすすめなのは，1カ月を4フェーズに分けて作業を割り振る方法です。4フェーズと作業の振り分けは次のとおりです。

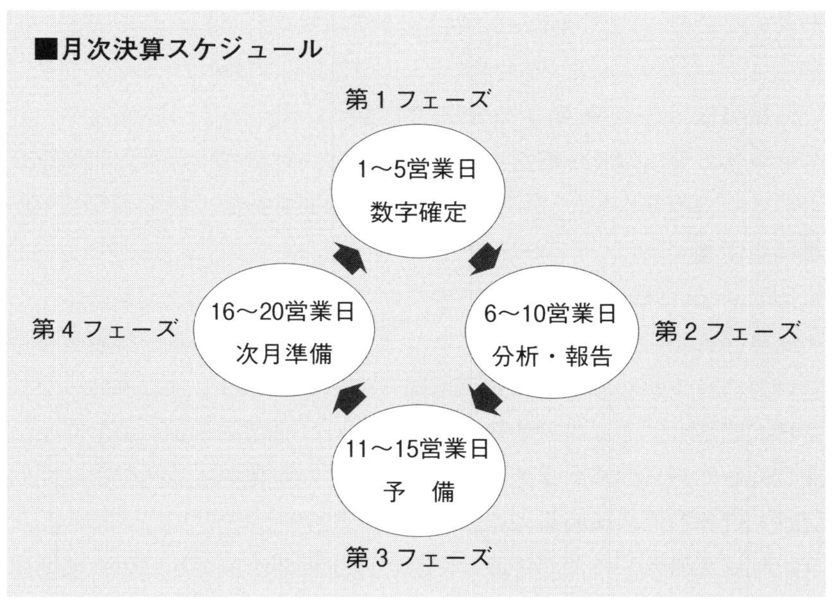

１カ月の稼働を20営業日と考え，５営業日ごとに１フェーズ，４フェーズで１カ月のイメージです。

フェーズ分けをすると，決算に関する業務量の平準化や業務改善が進みます。期間ごとにすべき内容を定めると，その中での優先順位づけがしやすくなる効果もあります。

例えば第１フェーズ中は「期限に間に合うよう速さを最優先する」，第２フェーズ中は「速さより質を重視する」。また，第３・第４フェーズはそれほど急ぎの仕事は発生しないので，この時期を狙ってプライベートの予定を入れると仕事のメリハリがつきます。

第１と第２フェーズがいわゆる月次決算の処理に当たります。処理は「数字確定」と「分析・資料作り」に分けます。数字確定の期間を明確にすることで，いつまでたっても数字が締まらない事態を防ぎます。あらかじめ期限を決めて周知させておかないと，いつまでも数字が動いてそれに伴う修正が多発し，作業は増える一方だからです。

第３フェーズと第４フェーズが鍵

第３フェーズは「予備期間」です。月次決算で見つかった問題を改善したり，残業が続いていた場合には早く帰るなど，見直しと疲労回復にあてます。

第４フェーズは「次月準備」です。

決算発表が早い会社に共通する特徴として，準備期間の実施項目が多いという点があります。決算期間中の作業はこのときしかできない業務に限定し，それ以外の期間でも行える準備はあらかじめ済ませ，満を持して決算期間を迎えるのです。事前の準備をなるべく進めておけば，決算期間の業務量の山は前にズレます。

次月決算用として期間を設けておけば，自分が担当している部門に次の決算でいつもと違うことがないか事前ヒアリングしたり，いつも伝票の提出が遅い人にはリマインドしたりするのも，やりやすいでしょう。

例えば，決算で使用するファイルを作成し，あらかじめリンクを張っておく準備も有効です。リンクが張ってあれば，リンク元のファイルに数字が入力されれば両方のファイルを開いたときに瞬時にリンク先にも反映されます。これも自動化の１つです。最近流行りのRPAやExcelマクロは自動化効果が高いといわれますが，このような高度なスキルを使わなくても自動化はできます。何よりも，形式的な準備は決算期間中の単純作業を減らすことにつながるのです。

まとめ

フェーズ分けして月次決算にメリハリを付けよう。

4 月次作業のボトルネックで判断力をつける

前節では第３フェーズは，改善のための期間でもあると話しました。では，この期間は具体的にどんな問題を解決すればよいでしょうか。

ボトルネックを見つけたら，応急処置を

まず考えられるのが，月次決算を進めていたときに見つかるボトルネックです。気づいた問題点すべてを決算処理中に対処しようとすると，数字確定はどんどん遅れます。決算早期化とは真逆の方向です。これを解決するためには，問題に対する応急処置と根本治療を分けるのが効果的です。

応急処置とは，目の前の決算を締めるために最低限必要な対応を指します。対して根本治療とは，なぜそうなったのかの原因究明や今後の再発防止策の検討です。経理部門だけでなく，関係部門にヒアリングが必要な場合も多いため，すぐに行うには難しい作業です。

例えば，伝票に起票した数字が間違っていたとしたらこれは困るので，すぐに正しい数字を入手すると思いますが，これは応急処置です。その先の原因究明やミス発生源の改善は根本治療です。すぐに根本治療まで行いたい人がいるかもしれませんが，第１フェーズで最優先すべきは「速さ」，期限を守ることです。部門全体の進捗のためにも根本治療は見送り，究明と改善は第３フェーズで行ってください。

通常の月次決算で見つかった問題をそのまま放置していると，どんどん積み上がっていきます。私はこれを「**経理負債**」と呼んでいます。

毎月決算のたびに同じようなトラブルが発生し，結局場当たり的な対応で済ませてしまう。このような自転車操業は，業務上もちろん問題ですが，個人としても進歩が感じられず気持ちが重くなります。この負債が積み上がらないようにしましょう。

応急処置と根本治療は使い分ける

できる経理パーソンは，この２つの対処を無意識に使い分けています。問題が起きたときには瞬時に「ここまではすぐにやって，これ以降は後日」と作業内容を区分けできます。

さらに根本治療の方法もいろいろ知っています。経理部門側で作業プロセスをチェックするほか，フォーマットを修正してわかりやすくする，原因部門で起票する際にチェック項目に入れてもらうなど，いくつもの案を状況に合わせて使い分けます。優秀な救急救命士でもあり，外科医兼内科医でもあるのです。

経験年数が浅い方は，場合によっては各部門に改善のお願いをしても聞き入れてもらえないこともあるかもしれません。そのときは見切りをつけてエスカレーションする勇気も必要です。つまり，自分の上司から相手の上司に正式に伝えてもらうのです。

もちろん，その前にきちんと担当者どうしで説明することも必要です。しかし，社内では，何を言ったかではなく誰が言ったかが重視されることもよくあります。大事なのは会社として改善することですので，あまり気にせず，上司を活用して自分の時間を有効活用しましょう。

まとめ

「経理負債」は放置せず，まず応急処置しよう。

5　２つの「ふく」で日常フォーマットを整える

経理の実務は，会計システムの操作以外に，Excel上で作業しファイルを作成することが多いものです。経験が浅い担当者のうちは特にそうでしょう。そのため，ファイルの内容や形式が，経理作業の質や効率に大きく影響します。つまり，**ファイルやフォーマットを整えることが経理業務全体の改善にはとても有効**だといえます。

業務改善すべき箇所を見つける視点

私は業務改善コンサルティングの依頼を受けることも多いのですが，その際によく紹介しているのが２つの「ふく」という考え方です。これは，業務を改善したいけれど何から手をつけていいのかわからないという場合のヒントになります。

■２つの「ふく」

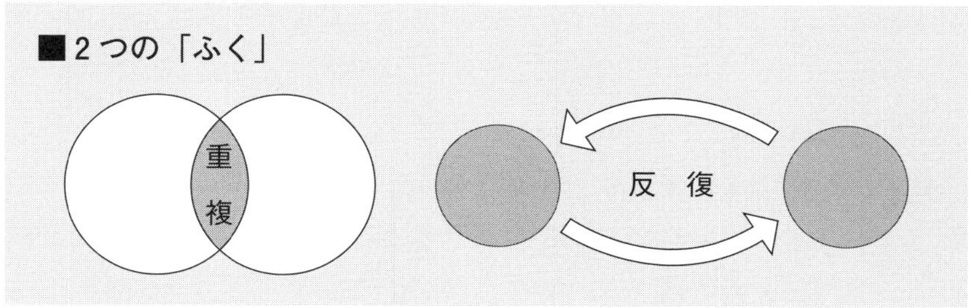

重複とは，同じ経理部門内で「同僚も私も同じ作業をしている」ことを指します。反復は「毎回同じようなことをしている」という自分自身の繰り返しです。どちらにも共通するのは，経理部門全体から見て業務がかぶっているという点です。

同じ業務を複数回やることは無駄以外の何物でもありません。ただし現実には，やり方を変えるにも手間がかかります。本当に集約して大丈夫なのか考え，必要なら上司にも相談しなければいけません。その手間を考えると「とりあえずこのままにしておこう……」となるのが現場の常です。しかし前節までに紹介した月の第３フェーズで予備時間を確保しておけば，多少手間がかかる改善策でも取り組めます。

例えば「売掛金集計表」をＡさんもＢさんも作成しているケースがあります。Ａさんは「得意先の業種別」に集計し，Ｂさんは「得意先の所在地別」に集計しています。集計の切り口は異なるものの，どちらも「得意先別の売掛金明細」を使っているのであれば集約可能です。１つの表をもとに２つの集計表を作るファイルにつくり直せば，今後は，どちらか１人で担当することができます。

見つけた改善ネタはメモをする

もし重複や反復を見つけたら，どんな小さなことでも忘れないようにメモをしてください。ある程度たまったら「影響が大きいのはどれか」「簡単に変えられそうなのはどれか」を考え，優先順位をつけた上で取り組みます。

見つけたすべての「ふく」に取り組む必要はありません。大事なのは，今よりもよくすることです。**できそうなものから小さく気軽に始めることが成功の近道**です。

メモは，その業務の種類ごとに，共有フォルダ内の関連するフォルダに入れておくと忘れることがありません。例えば，「玉手箱」（開けてびっくりという意味です）という名前の専用フォルダをつくり，すべての備忘メモをここに置いておきます。業務を行うときには必ずフォルダにアクセスするので，目につきます。つまり，「わざわざ見に行く」という手数を省くことがポイントです。せっかく気がついたことも，対処しなくては何も変わりません。特に，「根本治療」は先延ばしですので，忘れない仕組みをきちんと作ることが大事です。

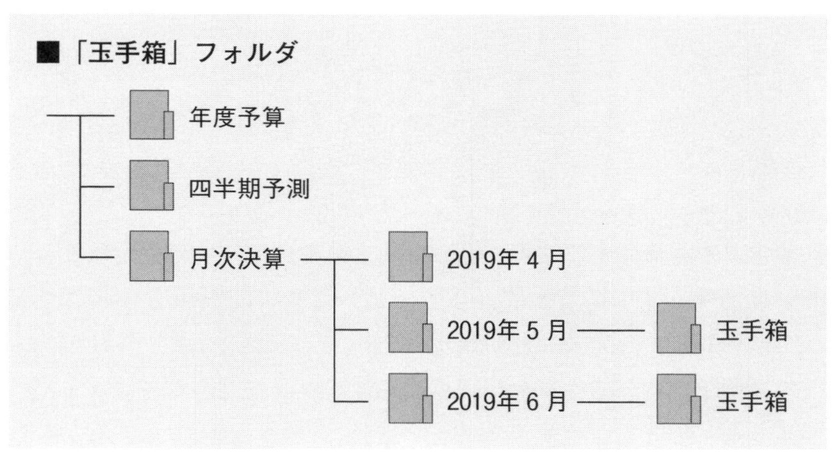

フォーマットの工夫で，引継ぎの手間を減らす

スムーズな引継ぎを実現させるフォーマットの見直しも有効です。

経理業務の引継ぎでは，まずファイルを事前に共有し口頭で説明を加え，後で不明点を質問してもらうやり方がよく取られます。

しかし，私の経験からいうと，口頭のみで説明した内容は２～３割しか引き継がれません。口頭中心の説明では記憶にも記録にも残らないからです。もし確実に引き継いでほしい作業があるなら，口頭での説明よりファイル自体に反映させる方法をおすすめします。

作業用のワークシートのすぐ横に注意事項を書き込んでおく。シート上に書きづらいのであれば，同じフォルダ内に「注意事項」ファイルをつくって置いておく。指示内容が自然に目につく環境にすれば相手は覚える手間が省け，見逃すミスも減ります。

新しいフォーマットを作るときに確認すべきこと

また，上司から新フォーマット作成を依頼されたときは，次の3点を確認するようにしましょう。

- ☑見た目のイメージ
- ☑期限
- ☑メッセージ

数字の表を作成するなら，表の縦軸／横軸／中身に何を入れるか，その場で聞きます。可能であれば手描きで大まかな図を描きながら「こういう表ですか」と確認しながら聞くと，大きな誤解が防げます。

作成期限は自分の作業ペースを決めるためにも大事な情報です。

メッセージとは，この表を使って伝えたいコンセプトです。もし「滞留売掛金が増加中」という事実を示したいのであれば，集計した表がしっかり表現できているかを確認してから提出します。

後から上司に質問したいと思ってもなかなか捕まらないこともあります。作成時に困らないように，依頼時に確認できることはすべて聞いておくと安心です。勝手に自分で考えて見切り発車で作成し，後からダメ出しを食らうような事態は防げます。このような**「手戻り」も経理の業務改善においては撲滅したい要素**です。ぜひ手戻りが発生しないように先手先手を打つ工夫をしましょう。

まとめ

カタチに落とし込むことで，改善につなげる。

6 ミスは成長のビッグチャンス

大前提としてお伝えしたいのは，**ミスを隠してもメリットはまったくない**ということです。私の経験上，大体においてミスは発覚します。発覚したら必ず「なぜすぐに上司に報告しなかったのか」が問題になります。

裏を返せば，ミスに気づいた段階で上司に伝えさえすれば，多少は小言を言われるかもしれませんが，経理担当者のレベルで致命傷になることはありません。隠し続けて広がってしまう影響のほうが問題です。

悪いことほど早く伝える

すぐに報告すれば問題が大きくなる前に対処できます。また，上司に伝えれば自分だけで悩む必要がなくなり，上司の豊富な経験に基づいて適切な対処がなされます。

個人の立場では，最も大きな効果は「上司に責任をとってもらえること」でしょう。それは他者に責任をなすりつけるのとは違います。上司は部下を監督する義務があり，責任を取る立場だからこそ，さまざまな権限があります。上司には早めに知らせたほうがよいのです。

私の上司は事あるごとに「バッドニュースファースト」と言っていました。悪いニュースほど先に言え，ということです。日々その言葉を肝に銘じていたおかげで，言いづらいことがあっても勇気を振り絞って報告できたのをよく覚えています。

思い返せば私もいろいろなミスをしましたが，中でも痛かったのは利益予測を1,000万円分大きい数字で親会社に伝えてしまったことです。最終的に原因はシステムエラーだとわかりましたが，やってしまったミスはミスです。すぐに上司に伝えて一緒に対応策を考えてもらい，関係者に連絡しました。

金額的にも「大きな影響を出してしまうミスだ」とすぐ自覚したのは不幸中の幸いでした。「自己判断はダメ，上司に報告すべきだ」と考えて躊躇なく動けたからです。

大ごとなのかの判断基準を身につける

経理ではたくさんの数字を扱い，手作業も多く含まれるため，いろいろなトラブルやミスに見舞われます。冒頭で「ミスを隠しても意味がない」とお伝えしましたが，もし上司にすべてのトラブルを報告し指示を仰いでいたら，お互いに業務が回りません。どこかで自分で線引きをする必要が出ます。

だからこそ，自分で判断が難しい初めのうちは，上司に報告すると同時に，そのときの対処法や判断した理由も聞くといいでしょう。何度か繰り返すうちに基準が見えてきます。自分なりに対応方法が思い浮かぶようになったら「このように対応しようと思いますが，どうでしょうか」と上司に聞いてみてください。自分で考えて上司と答え合わせを重ねていくと，ミスに関する上司の判断力や知識を少しずつ自分のものにすることができます。

経理パーソンのスキルは暗黙知や経験知が多いものです。しかし，自分の日常範囲だけで経験して初めて身につけていく方法では早く成長することができません。そう考えると**「ミスの対応」は特別な機会であり，知見を広げられる価値がある場面**といえます。

ミスというのは，自分の未熟な部分が顕在化して起こるものです。これを克服できれば経験と引き出しが増え，上司からの知恵も加えて大きく成長することができます。

かばってくれる人がいるうちに，ミスで経験を積む

また，ミスを起こしてしまった直後はとてもつらいものですが，できれば時間を置かずに当時の行動や対策について振り返りを行いましょう。多忙な日々ゆえ後回しにすると何が原因だったのかを忘れて，正確に把握するのが難しくなってしまいます。関係者の目からすると，ミスについて反省していないようにも見えるかもしれません。目安としては，その月の第３フェーズ，予備期間で対応するとよいでしょう。

管理職になると，自分のミスは自分で責任を取るしかありません。仕事を割り振られている担当者のうちは，作業分担を決めて確認をした上司が責任をかぶってくれることがほとんどです。ただし，**同じミスを何度も繰り返さない**でください。どれだけ注意してもミスは起こります。大事なのは再発させないことであり，そのために必要な対応をとることです。まさに上司はここをよく見ています。そのため，上司の多くは一度目のミスには比較的寛容です。

ぜひミスができる立場のうちに，一度だけミスをして学びを深めておくようにしましょう。

まとめ

早いうちからミスの対応力や判断力を身につけよう。

7 「現地・現物・現人」を大事にする

先日，経理部が舞台のドラマを見ていたら，営業部長が「いいなぁ，経理はずっと会社で座ってて」と経理に嫌味を言う場面がありました。確かに私たち経理の仕事はデスクに向かっている時間がとても長いです。

だからこそ，実物や人と接する時間を大事にしてください。自分から積極的に席や会社を離れて生の情報を得るのです。

担当部門にはこちらから御用聞きに出向く

多くの会社の経理部門では，メンバーで手分けして社内の各部門を担当する形式がとられています。もし自分が営業部門（例えば，勘定科目でいえば売上）の担当であれば，ぜひ週1回程度でいいので営業部門に顔を出しに行きましょう。表立った用事がなくても構いません。「最近どうですか」と御用聞きのように声をかけるだけでもOKです。

相手からは「ちょうど聞きたいことがあって」と質問されるかもしれませんし，「いつもより忙しそうだな」と雰囲気を知ることができるかもしれません。**受け取った刺激1つひとつが大切な情報**なので，もし気づいたことや話した内容があれば，メモしておくといいでしょう。

よく経理パーソンから「デスクで作業に集中していると，他部門の人が質問に来て作業が進まない」という悩みを聞くことがあります。電卓で検算をしていたり，数字の不一致を調べていたり，数字を扱う作業の最中に話しかけられるのは正直面倒だと感じます。それならば逆に，みなさんの都合がいいタイミングでこちらから各部門へ出向けばいいのです。

自ら足を運ぶメリットは他にもあります。何度も部門へ行けば営業の業務内容に興味や好意を持っていることが伝わり，相手も悪い気はしません。どのような会話がなされているのか耳に入るので，部門のさらなる理解にもつながります。

担当部門の生の情報を得る

また，どの時間帯が忙しいのか，どの時期に仕事の波が来るのか，いつも何人くらい外へ営業に出ているのか，という規模感やスケジュールも肌で知ることができます。

座席配置にも部門トップの方の好みが表れます。例えば部長が本部長の近くに座っている場合，本部長は頻度高く報告を求めるマイクロマネジメントの傾向が強いものです。席を近くに置いて，こまめに情報を取りたいと考えるからです。実際に各部門に行き，自分の目で様子をうかがうからこそ，現場ならでの生情報をたくさん得られます。

刑事ではありませんが，**足で稼いで得た情報は価値が高い**のです。

棚卸など現場に出向く機会は，質問のチャンス

経理のキャリアが進むと，監査法人による棚卸に同行することもあるかもしれません。本社で経理をやっていると，物流センターや工場に出かけるチャンスは多くはありません。このときは，付き添うだけではもったいないので，周りの様子や資料をよく見て話もよく聞きましょう。

そこでは気になったことを聞いても構いません。例えば新しく買った固定資産があることをあらかじめ知っていたら，その実物を見せてもらったり，導入後の効果を聞いたりしても勉強になります。監査法

人の会計士がどこを見ているのか，どのような質問をしているのかに注目すると，自社の経理が決して外してはならないポイントがわかります。

実際に見た経験は信頼につながる

B to C（個人向け）ビジネスの会社の場合には，ぜひ自社の商品を手に取って確認し，お店を展開している場合は実際に行ってみましょう。できれば月に１回程度の定点観測をするとよいと思います。B to Cビジネスはキャンペーンなどの展開が早いので，どのようなものかユーザー目線で知っておくと，経理で対応するときにイメージが湧きやすくなります。

私がウォルト・ディズニー社で小売業を担当していたときは，国内50店舗のすべてを訪ねました。多くは個人旅行のついでに足を延ばした程度でしたが，たとえ10分でも足を運ぶといろいろなことがわかります。

例えば改装の稟議が上がってきたときは「確かにあのお店は少し古かったな」と自分の得た情報と結びつけられます。そのことをその店舗の担当者に伝えるととても驚かれました。九州の店舗だったので，まさか実際に見ていたとは思わなかったようです。

営業など現場を大事にする職種の方は経理に対して「ずっと本社にいて」という「悪い」イメージがあるようです。だから店舗訪問のような実際に体を動かした事実はより効果的で，一気に信頼度が増します。

B to B（法人向け）ビジネスの場合には，得意先の商品やお店に触れるのがいいでしょう。どのビジネスも最終的には製品やサービスが個人消費者に届きます。サプライチェーンといいますが，自分の会社の事業が最終的にどこにどうつながっているのか，肌感覚で知っておくのも大事です。消費者の嗜好の変化で自社の事業に影響が出ることも考えられるからです。

経理の見本市で話題のものを体験してみる

最近話題のAIやRPAについても，噂やネット上の情報を得るだけではなく，現物を見るといいでしょう。おすすめは，半日くらいかけて経理の見本市に行ってみることです。見本市では，会計システムや端末など，経理部門向けに商品やサービスを提供している会社が一同に集まって出展しています。ブースにはスタッフが常駐しているのですぐに質問できますし，何よりも詳しい解説を聞きながら実物に触れられるのは大きなメリットです。

「RPAを導入するとどのくらい効果が出るのだろう」と疑問に思ったら，何社もブースを訪問して実際のデモを見て回ればいいのです。見本市への参加が難しければ，YouTubeでRPAに関する動画を見るのもいいでしょう。すでにわかりやすい動画がたくさんアップされています。大事なのは，**漠然とした想像で恐れることなく実際に正しく知って判断する姿勢**です。

現人，現地，現物に実際に触れると，これまでデスク上だけで見ていた名称や数字が具体的にイメージできます。そうすると業務にも役に立つのはもちろん，もっと楽しく仕事ができるのではないでしょうか。

まとめ

面倒がらずに実際に見る・会うことを大事にしよう。

8 関係者が気にするポイントを押さえる

監査法人が気にする修正仕訳

もし，あなたの会社が監査を受けるとしたら，監査する会計士が何を気にしているのか知っていますか？　ズバリ，注目されるのは「振替仕訳」ではなく「修正仕訳」です。「修正仕訳」とは利益が動く誤りを直すもので，「振替仕訳」とは利益の金額に影響がない誤りを直すものです。

監査というと，すべての誤りが問題になると思っている経理パーソンがいますが，そうではありません。監査の時間も会計士の人数も限られていますから，やはり重要なポイントを中心に見ていきます。それが「修正仕訳」です。同時に，前述した「重要性の原則」も考慮します。要するに，**金額が大きいものほど注意する**ということです。

監査を受けている会社にとっては，会計士は「審判」のようなものです。だから，スポーツと同じように審判のクセや特徴を押さえておけば，ゲームをより有利に進めることができます。ルールに加えて審判のことも理解するといいのです。

会計士にも恐れず質問しよう

監査で会計士が注目するポイントは，決算書を見る投資家にとっての重要項目でもあります。

ご存じのとおり，決算では利益額が最も注目されます。もし固定資産の中の勘定科目が多少違っていたとしても，利益額には影響がないため投資家はあまり気にしません。しかし，利益額に影響する誤りは自分の投資にも関わるため，非常にシビアです。会計士の視点も同じです。

気にするポイントをさらに知るには，現場で会計士に直接質問してみるのもいいでしょう。もし相手がこだわってしつこく質問をしてきたら「なぜここが大事なのか」を逆に聞いてみるのです。おそらく会計士のみなさんは，しっかり回答してくれます。ミスや疑いのない決算書を作成してもらうほうが，会計士としても助かるからです。

現場での質問はみなさんの知識を増やし，多少なりとも納得して対応できると思います。監査する側とされる側の両方を経験した立場からいえば，踏み込んだ質問をする経理パーソンは少ないので，**質問するだけでも相手に一目置かれます**。ぜひ監査対応も成長の機会として利用してしまいましょう。

営業は売上重視で，経費に無頓着な傾向がある

社内関係者が注目するポイントでも，同じことがいえます。経理部門と各部門では，見る視点が異なり，その違いを意識して日々の仕事を進めれば，一歩先を行く対応が行えるからです。

例えば，多くの会社の営業部門は売上を重視する傾向があります。一方，交通費や交際費などの経費はあまり気にしません。これは，営業の部門別の損益計算書が共有されずに，売上で社内評価が決まることが多いからです。

もし，あなたが各部門の予算管理業務を担当しているのであれば，相手が何を重視し，何を軽視するのかを押さえておきましょう。上記の営業部門の場合は交通費や交際費に無頓着になりがちなので，事前に「使いすぎに注意しよう」と訴えられます。

また，あなたの会社が新商品を発売したとします。どの部門がどの

ようなデータを欲しがるか考えてみてください。おそらく営業部門や商品部門が売上の数量や金額を早々に知りたがるはずです。聞かれたらすぐに出せるようにデータをあらかじめ準備しておいたほうがいいでしょう。

相手の関心事は，自分の業務効率化の種になる

相手の関心事がわかれば，自分の仕事の中で押さえるべきポイントを容易につかめます。逆に，無関心な領域も見えてくるので，経理としてもあまり力を入れずに済むかもしれません。詳しく観察して分析するのは時間と手間がかかりますが，やみくもにすべてを注意するよりはるかに効率的です。そして，**各部門の重要ポイントが「なぜ大事なのか」までを考えると，社内外の業務のつながりが見えてきます。**

まとめ

自分と相手のために，相手の関心事をまず理解しよう。

9 ゴールを実感しよう

有価証券報告書を見てみよう

あなたは経理の最終成果物を見たことがありますか？　自社が上場会社グループであれば，それは「有価証券報告書」です。株主総会の招集通知を作っている会社であれば「計算書類」がこれに当たります。税務を担当している方は「申告書」でもいいでしょう。どれも会社の会計情報を集約して外へ出ていく資料です。

さらに，もし自社が決算発表会を開催しているようでしたら，一度参加してみるのもいいでしょう。証券会社からアナリストが参加して，会社のプレゼンテーションを聞いたうえで質疑応答を行います。どのような質問が出ているのかを知れば，自社が証券市場でどのように見られているかを肌で感じることができます。もし参加が難しい場合には，ホームページのIR情報に公表されている決算説明会の資料や動画を見るだけでも勉強になります。

毎日の細かな伝票処理や毎月の決算作業は，すべてここにつながっています。対外的な資料ゆえとてもよくまとまっているので，ぜひ目を通してください。多少専門用語が出てきますが，経理パーソンであれば勉強を兼ねて読むといいでしょう。この資料に出ている語彙は一般の人向けのレベルなので，最低限身につけたほうがいい言葉ともいえます。内容は自社の最新財務状況なので，もちろんみなさんが率先して知っておくべきです。

開示資料を見たことがあるかどうかで差がつく

実際にはこれらの自社資料を「見たことがない」という経理パーソンが多いのです。日頃の業務では一部分を担当しているにすぎず，関係ないと思っているかもしれません。これらの開示資料の作成は上司やベテランを中心に作業が進むのも大きな理由でしょう。

だからといって，見ないのはもったいない。外部に出す最終成果物はきちんとチェックされ，わかりやすく作成されています。内容が理解しやすく，無駄がないのです。これも「現物」のひとつです。最終成果物を知ることで，自分の業務の位置づけの理解につながり，愛着も持ちやすくなると思います。

最終成果物を見るときは，はじめは全体をぱらぱら目を通す程度で構いません。何が書かれているのかをざっくり把握し，そのうえで自分の担当業務に関連している部分を探してみてください。自分の仕事が形になっているのを知ると嬉しいものです。業務の分担が変わった場合にも，改めてこれら資料の中でどこにつながっているのかを確認するとその位置づけをつかみやすいでしょう。

ちなみに，開示業務はいろいろな知識が必要になるため，花形の業務とされます。開示を極めるのも専門性を生かしたキャリアの１つです。将来の方向性を広く検討するためにも，まずはこれらの資料を見ることから始めてみてください。

工程の下流から学ぶという方法もある

多くの経理パーソンは工程の上流から学ぶのが好きです。基本的な条文や基準から学ぼうとします。それは必要な知識ではありますが，あまりに膨大で学習効率が悪いものです。なぜなら，述べられている事象が大きすぎて，また，情報量が多すぎて，日常業務に生かすのが難しいからです。

日本の法律の中で確かに憲法は大切な存在ですが，日々の生活で意識することはあまりありません。それよりは生活に直結している決まりごと，例えば交通ルールのほうが知識をすぐに活用できるでしょう。経理の世界も同じです。

自分たちの仕事の成果として何が公表されているのか。自分はどの部分を担っているのか。これは関係者や世の中にどんな影響を与えるものなのか。考える材料は最終成果物に詰まっています。身近でありながら経理のキャリアにとっても非常に大切な資料です。

まとめ

計算書類など最終成果物を見てみよう。

第 4 章

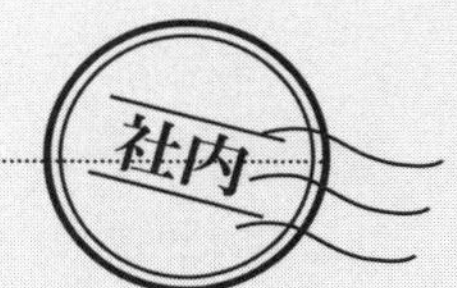

自分の役割を定義しよう

この章では，社内でのキャリアの見直しについて紹介します。今の自分の実力やスキルでは何が足りないのか，それはどうやって見つけるのか，将来に向けてどう鍛えるのか。やはり社内でできることは多いのです。

1 あなたが最も成長する分担の見つけ方

経理パーソンのキャリアの積み方は，パズルによく似ています。経理の仕事を横軸と縦軸がある総体として捉えると，この2つの要素がクロスするピースをどんどん塗りつぶすプロセスが「成長」になるからです。

横軸には「営業担当」「商品担当」などの分野別でそれぞれ関連する勘定科目が存在します。この横軸に対する業務レベルが縦軸です。自分の業務レベルはどれくらいか，会社が求めるのはどのあたりか，自分がどこを目指すのかを常に意識することが必要です。

■経理の担当業務の全体像

部門（勘定科目）／業務内容	営業部門（売上・売掛金）	商品部門（在庫・売上原価）	…	…
伝票担当者				
承認担当者				
…				

業務に慣れたら伝票承認をやらせてもらおう

担当する勘定科目について，縦軸のスタートは伝票を切ることです。取引や決算に必要な伝票を切って仕訳を起こすところから始めます。

次の段階は，伝票の承認者になることです。経理部門内で切る伝票の数は膨大なため，管理職だけでは承認の手が回らないものです。そのため，中堅の経理パーソンになると管理職でなくても伝票の承認者になることがよくあります。自分が以前伝票起票を担当していた勘定科目であれば理解しやすく，承認担当を任されることが多いはずです。

この経験は管理職になったときに役立ちます。自分がチェック側に回ると初めて気がつくこともあるものです。将来のために，中堅の経理パーソンは担当経験がある勘定科目に関する伝票承認を積極的に引き受けるといいでしょう。このようなステップを経ることができるのは，経理ならではといえます。

なるべく多くの勘定科目を経験する

横軸についても，同じように社内で多くを経験できるように意識すべきです。

通常，多くの会社では，責任範囲を明確にするために部門ごとに担当者を決めています。営業部門担当はＡさん，商品部門担当はＢさんといった具合です。決算では営業部門担当のＡさんが売上の仕訳を，商品部門担当のＢさんが売上原価や棚卸資産に関する仕訳を担当します。

営業部門で売上が上がると，商品部門の売上原価や棚卸資産の金額が影響を受けます。売上や売上原価といった勘定科目は業績に与える影響が大きく，いろいろな取り組みがなされるために，経理パーソンの中でも比較的経験を積んでから担当するのが一般的です。

なりたての経理パーソンの場合，まずは総務などの管理部門を担当することが多いでしょう。なぜなら，管理部門は主に一般管理費など種類の少ない少額の費用で構成されているためシンプルだからです。また，株主総会のイベント費用など定期的に発生するものが多く，前年の対応を参考にできるのも利点です。さらに，内勤の部門ゆえ疑問が生じた時に相手方の担当者と直接話をすることが比較的容易なのも理由の１つです。

経理部門内の担当というのは，部門ごとに割り振られると同時に勘定科目に紐づいています。上司は相手部門の対応の難しさも考慮しつつ，主に勘定科目としての難しさを踏まえて担当を決めます。

勘定科目の難しさの観点には，前述した業績への影響度合いもありますが，関連する会計基準の多さや難しさ，税法の関連の度合いなども含まれます。そこに担当者個人の習得レベルや将来に向けた志望，ジャンルによる向き不向きなどを加えて，担当者の割り振りは考えられているのです。

会社で使う勘定科目数はとても多いものの，なるべく幅広い勘定科目を経験できるといいでしょう。１～２年で担当替えを経験し，そのたびに未経験の勘定科目を担当できる環境が理想です。このペースで３年程度経験を積めば，おそらく３～４科目を経験できます。

折々に決算書を見て，どの勘定科目をまだ担当していないのか，今度担当したい科目は何かを考えてみてください。決算書の中の勘定科目をパズルのピースとして捉えて，キャリアの中でピースを集めるのです。

まずは自分の会社でパズルのピースを集める

リスクを負って転職をしなくても，日常業務から勘定科目という横軸のピースと業務レベルという縦軸のピースを集めていけばパズルを少しずつ広げられ，あなたの経験と知見も広がります。

難しめの勘定科目は起票者，簡単な勘定科目は承認者というように，自分の仕事の中で起票と承認の業務が混在することもあります。それでも構いません。むしろ，それぞれの視点を行き来することで気づいたことを業務に反映することができます。

転職者を採用する側の目線からいえば，職務経歴書の中で「主に売上と売掛金を担当していた」という記述があると「チームの中で主要な役割を担っていたんだな」とわかります。勘定科目の難しさは，ある程度どの会社でも共通するからです。部門名ではなく勘定科目名で書かれていると，さらに過去の業務内容と社内での信頼度がわかるので，採用活動の書類選考の際は大きな手がかりにしていました。

「営業推進部」といっても活動内容は会社によって異なるでしょう。また，「カスタマーサクセス部門」のような新しい概念の部門は，名前からだけでは業務内容を想像できません。部門名には会社のカラーや個性がよく表れるものですが，私たちの共通言語である勘定科目に結びつけて整理して説明できると，相手に必要な情報が伝わりやすくなります。

まとめ

早いうちからできるだけ多くの種類の業務を経験しよう。

2 上司はあなたのこんなところを見ています

経理部門の上司が最もよく見ているのは，やはりメンバーの「正確さと速さ」です。経理パーソンのみなさんが仕事のうえで大事にすべきポイントとしてすでにご紹介しましたが，上司の側も同じで，ここが主な注目点です。

上司はすべてを見ているわけではない

では，どのような観点で何を見ているのか，その視点を理解しておきましょう。上司がみなさんの業務のすべてを把握するのは現実的ではありません。だから，目に見える要所を中心に確認しています。

例えば，あなたの担当する伝票の処理が遅れていたとします。承認を担当する先輩がイライラして「いつできるの？」と尋ねてきました。もしこのやり取りを上司が目撃したら，上司はあなたの仕事が遅いのだなと判断します。実は，上司は処理が遅れていること自体は気がついていないし，そこまではチェックをしていないのですが，遅延に関連して発生するやり取りを通じて感知します。先輩には遅れそうとわかった段階で「いつまでにできるか」をあらかじめ伝えて，催促が起きないように防ぐ必要があります。

自分が部門に与える影響に注意する

また，注力する業務のバランスも大事です。より正確な数字で伝票を切りたいからといって伝票起票が２日も遅れていたら「もう少し現実的なやり方を考えるように」と言われるでしょう。自分の正確さだけではなく工程全体の速さも考慮できているか，全体への影響が見えているのかも上司は見ています。

この点で上司が継続的にチェックできるのは，あなたとメンバーとの業務のバランスや全体の進捗です。さらに，影響を回避するための具体的な方法を知っているかも重視します。自分なりの「正確さと速さ」が出せるようになってからでいいので，部内の自分の位置や役割に気をつけましょう。

上司が電話対応の様子を観察する理由

上司は一見業務に関係のないところもよく見ています。それは電話応対やデスクにやってくる質問者への対応です。これらは作業の割り込みと感じて嫌がる人が多いのが実状です。抱えた仕事が進まなくなるので電話が鳴っても出ない場合もあるかもしれません。しかし，部門をとりまとめる上司の立場からすると部門の評判に関わる振る舞いなので，とても気にしています。

見方を変えると，**他の部からくる質問は宝の山**です。

よくクレームは宝の山という話を聞きますが，それと同じです。現状対応できていない，または対応が不十分だからこそ質問が来ます。裏を返せば，これらを解決できれば質問は来ません。質問者はわざわざ自分の時間を割いてそのことを伝えに来てくれているのです。ミスから学びが多いという話はすでにしましたが，質問も同様です。

質問対応の機会を活用すると，業務の瞬発力を身につけられます。

以前，電話に出ない理由を聞かれて「わからない質問をされたら困るから」と答えた人がいました。すぐに答えられない質問は調べたり確認したりして，折り返し電話するかメールするかの対応で構いません。すぐに答えられる質問であれば，なるべく正確に情報を渡せるよう伝え方を工夫します。この繰り返しが伝え方のブラッシュアップにつながるのです。

すぐ回答するか，後にするかの判断も鍛えられます。あえて「この場で回答を出して処理しよう」という試みもスキルを伸ばします。**瞬発的な回答力は，経理だけでなくビジネスパーソンとして生きていくうえでとても大事な能力**だからです。すべてを持ち帰っていては，いつまで経っても仕事が進みません。

特に電話での質問など，小さい事柄で練習してみるのがいいと思います。

あなたがもしこのような質問への対応に消極的だったとしたら，それを見た上司は「雑用とみなして対応しないのだな」程度の見方はしません。さまざまな能力の狭さのシグナルとして捉えます。もし管理職候補となる中堅層であれば昇格見合わせにもなりかねません。管理職は部門全体を考える立場であり，その視点が身についてないと判断されるからです。

中には「コミュニケーションが不得意だから専門職を目指したい」という方もいるでしょう。しかし，初めから苦手分野として遠ざけてしまうのは大きな機会損失です。本当にコミュニケーションが苦手で不向きなのか「やってみる」のも大事です。3年目くらいなら，まだキャリアの可能性を広く考えられます。ぜひ，いろいろ試してみるといいと思います。

経理パーソンは二極化している

優秀な経理パーソンが何をしているかというと，実はイレギュラー業務ばかりを扱っています。基準や税法の改正といった外部の動きによるもの以外に，社内で発生した問題への対処を怠りません。それも問題が小さいうちに把握して，すぐに対処するのです。これが終わらないとずっと質問や電話，トラブル対応に追われるのをよく知っていからです。

世の中は「平和な経理」と「忙しい経理」に二極化していると感じます。つまり「問題を早期に解決し，できた時間を他の問題解決に当てる経理」と「時間がなくて改善できず，悪循環に陥っていつまでも自転車操業で忙しい経理」です。個人の可能な範囲で環境を「平和な経理」のレベルへ引き上げるために，まずは電話などの質問対応から練習してみるのをおすすめします。

まとめ

上司の視点に注意を払ってみよう。

3 「使いやすい部下」より「一目置かれる部下」を目指す

管理職を経験した立場からいうと，「ちょっとしたことをお願いしやすい部下」と「お願いしにくい部下」がいると感じます。これは，よく道を聞かれる人とそうでない人がいるのと同じです。

会議室の予約，日程調整，来客の案内，はたまた飲み会の幹事など，経理業務と直接関係ない仕事ほどこの傾向が強いのではないでしょうか。頼まれるのはいつも決まって同じ人という光景もよく見かけます。

どのような人が頼みやすいかといえば，「頼んだ時に断らず，かつ期限以内にきちんとやってくれる人」です。上司も人間なので，心情的に「断る可能性が高い人よりそうでない人にお願いしたい」と思うものです。この条件をクリアする人は経理業務全般もできる人であることが多く，むしろいいことのように思えます。

「使いやすい部下」であり続けない

しかし問題は，**この頼まれ事があなた自身のキャリアにとってどのような意味があるか**，です。誰がやっても同じということは，お願いする相手はいくらでもいて誰がやっても同じということ。経理以外の業務とは，誰がやってもその品質に大きな差がないというのが特徴です。

一度や二度頼まれてやるのは構いません。確かに誰かが引き受けなくては部門が回らない仕事ではあるので，仕方がないと思います。しかし，自分ばかりとなると問題です。本来であれば自分が成長できる業務に携わる時間が，確実に減ってしまうからです。

また，業務外の仕事を多くこなしていると「この人は業務外の仕事をお願いできる人だ」というイメージが上司にも周囲の人にも刷り込まれてしまいます。そうなるとさらに用事が増えて，本来担いたい業務からますます遠ざかってしまうのです。自分の成長を犠牲にするのはあまりにもったいないと思います。

いわゆる雑用を一切するなということではありません。同じ仕事を同じ方法で自分がずっと続ける状況から解放されましょう。必ずしもあなたがやる必要はないのです。

上手な断り方を身につける

用事を頼まれたときにすでに取り組んでいる仕事があれば，その事実を伝えることから始めましょう。言い方としては「**今この仕事をやっていますが，中断してそちらをやったほうがいいですか？**」と聞いてみてください。感情的に「今仕事しているので無理です！」と一方的に伝えるのは悪手です。相手に相談する形に転換して相手に判断してもらいましょう。

頻度が高い業務であれば，分担制や当番制を提案するといいでしょう。例えば会議の議事録がそうです。部員全員が会議に出席しているのであれば議事録を書ける人はたくさんいます。このとき「自分が大変なので」という正直な理由だけでなく「**文章力をつけるために役立ったので，みなさんにもぜひ**」といった前向きな理由を前面に出して伝えると通りやすいでしょう。

どんな業務でも，ずっと自分が引き受けていると他の人にはやり方がわからない「属人化」問題が発生しがちです。まずは手順の簡単なメモを作ることから始めて，ぜひ複数人体制に持ち込みましょう。

仕事のできる人は「いい人」とは呼ばれない

物事を頼まれやすい人の特徴として「よく気づく」というのがあります。上司がこちらを見ていて，頼みたそうにしているということに気がついてしまうのです。一方で，気がつかない人はまったく気づきません。気が回る人は，その能力の高さが余計に用事を引き寄せてしまっているのです。

このような人は，**鈍感力を磨く**のもいいでしょう。気づかないふりをするか，とても真剣な顔でパソコン画面を見るなどの演技も効果的です。「そんな，演じてまで」と思う人もいるかもしれません。しかし，人がよすぎるのも職場では考え物です。「すごくいい人だよね」と言われるとき，実は仕事の場面ではいい意味ではないことが多いからです。言葉には「いい人だけど，仕事の実務能力はあまり高くない」「いい人という点は長所だけど，他はちょっと」という意味が暗に込められがちです。この流れに抗わずにいると「あの人には何でも頼める，やってくれる」というイメージがついてしまって損です。

その業務自体が悪いという話ではなく，何が一番自分にとって大事なのかを見極めて，それに応じた時間配分に持っていこうという話です。時間は有限です。自分の成長のためにも業務外の仕事をうまく乗り越えましょう。

まとめ

上司や周囲に利用されすぎないように注意しよう。

4 身軽になるための作業マニュアルを作ろう

自分の担当業務をスムーズに誰かに引き継ぐことを想定して，今からマニュアル作成を始めてみましょう。自分が集めたいキャリア上のピース＝新しい業務を手にするには，今の業務を手放さなければいけないからです。

マニュアルは必要になってから作るのでは遅い

マニュアルは，具体的な引継ぎ相手がいなくても作成してください。引継ぎ相手は，すぐに決まらないのが世の常です。能力や業務量などさまざまな面の条件すべてが合致する人材はなかなか見つかりません。上司が多忙な場合，現状業務があなたで回っていれば担当の変更は緊急の仕事ではないため後回しになりがちです。

メンバーの成長に興味がない上司だと「今の仕事は君にしかできないから，もうしばらく担当してほしい」とすら言うでしょう。その結果，経理ではジョブローテーションがなかなか行われない場合があります。このまま待っているだけでは，あなたは今の業務を延々と続けることになってしまいます。

その現状を断ち切るために，外堀から埋めていきましょう。属人化状態から脱出し，誰でも担当できるようにマニュアルを作成するのです。興味ある分野や成長を期待できる仕事に出会ったとき「私は新しい業務を担当したい，今の業務は人に引き継げる状態なので大丈夫」と言えるようにするためです。

マニュアルさえあれば，実際に後任が用意されたらすぐに引き継げます。そして自分は引継ぎのことで頭を悩ませることなく，新しい業務の習得に思う存分時間を割くことができます。

業務の引継ぎ時，新業務の習得と元業務の引継ぎを並行せざるを得ず，その期間の個人の業務量が膨大になってしまうことがよくあります。上手にタイミングをシフトさせる方法として，事前のマニュアル準備はとても有効です。

外資系でうれしい「サクセッションプラン」の意味

外資系企業では，優秀な人は上司からすぐに「サクセッションプラン（引継ぎ計画）を作れ」と言われます。その能力を生かしてもっと難しい仕事を割り当てるために，まずは今自分が抱えている仕事を誰にどのように引き継ぐのかの計画をあらかじめ立てるように指示されるのです。

その指示は昇格の非公式の打診でもあることが多く，メンバーにとってとてもうれしい言葉です。

人から人へ業務を引き継ぐ大事さは，外資系企業でも国内企業でも変わりません。今の業務を手放さない限り次には進めない，そして手放すためには自分が主体的に考えて動く必要がある点では共通です。

フォーマットと一体化したマニュアルをつくる

マニュアルといっても，見た目も内容も完璧なものを作る必要はありません。それを作っているとまた時間がかかってしまいます。よく経理では，Wordに画面のスクリーンショットを貼り付けた形式で，逐一操作を記録しているものを見かけますが，そこまでしなくても構いません。

おすすめは，入力する作業フォーマットと伝えたい情報を一体化させることです。フォーマットの入力セルのそばに出所や注意点を書いておいてもいいですし，Excelのメモ機能を使うのも便利です。

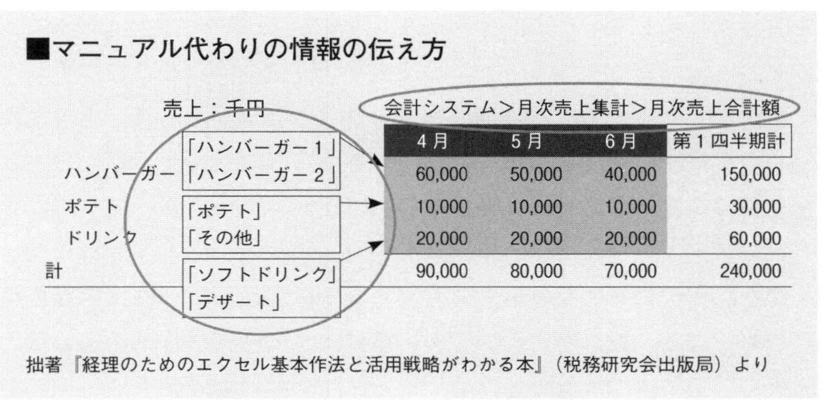

一体化させておけば，作業するときに必要な情報が一緒に目に入り，わざわざマニュアルを探して開く手間が消えて，記憶に定着しやすくなります。

コメントには，自分が作業を行う際にいつも無意識に行っているチェックのポイントなどを残しましょう。言語化すると自分の業務の理解にもつながります。書き方は必ずしも整った文章でなくて構いません。作業するためのポイントを箇条書きするだけでも，鍵になる単語だけでもいいのです。経理部門内の引継ぎであれば単語ひとつで通じることがほとんどです。

自分が日頃注意していることこそマニュアルに記す

自分の日常の作業時に気づいたことをついでにメモしておけば，マニュアル作成の時間短縮にもなります。マニュアルをわざわざ作る場合，作成時間の大半は「作業内容を思い出すこと」に費やされるからです。日常業務の中で済ませてしまえば「わざわざ」の作業はせずに済みます。

真面目な経理パーソンからは「せっかくならちゃんとしたマニュアルを作りたい」という声も聞きます。しかし，マニュアルは学生時代にテスト前に作ったノートと一緒です。作り始めるときれいに書きたくなりますが，大事なのは高い得点を得ることであり，ノートはそのためのツールにすぎません。きれいに作ることが目的ではないので，見た目にこだわりすぎてはいけないのです。

また，作業に必要な事柄がきちんと文字に書かれていれば引継ぎ時間が短くなり，引き継いだ相手も正確にかつ効率的に作業が進められます。

担当者が替わった途端にミスが増える事態は，前任者にも責任があります。前任者がきちんとフォーマット化やマニュアル化ができていないと，後任者の理解が難しくなるのは当然です。

マニュアルは休暇取得とキャリア形成につながる

マニュアル化を進めると，休暇も取りやすくなります。担当業務について「ここにあるとおりにお願いします」と頼めば支障なく進められるからです。休暇から戻った際にどこがわかりにくかったか聞けば，引継ぎ用に準備するマニュアルを更新するヒントが得られます。休暇の存在がマニュアルをブラッシュアップし，書き方を考えるよい機会になるのです。退職したくなったときも，マニュアルがあれば「今辞められると困る」という引き留めに対抗できます。

マニュアルづくりとは，自分の業務の言語化です。あらかじめ用意しておくと自分も周囲も助かり，結果的にキャリア形成のための希望を貫ける可能性が上がります。今の仕事の理解や引継ぎ用途としてだけではなく，自分が次にやりたい業務につくチャンスを逃さないためにも，早めにマニュアル化を進めましょう。

まとめ

自分自身のために，マニュアルを効率的につくっておこう。

5 発表機会があれば活用する

経理パーソンの場合，管理職になると人に説明する機会が格段に増えます。それも，経営者への決算報告や各部門との予算折衝など，難易度が高いものばかりです。一方，担当者でいる間はあまりその機会はありません。これは営業部門とは逆です。

営業パーソンは四六時中外出して客先でお客様に説明し，そのプレゼンテーション能力次第で売上が決まります。そのため，彼らのコミュニケーション能力は初めの数年で大いに高まります。同窓会に行くと，営業職の人は話が上手で人当たりがいいと思いませんか？　これは職種ゆえの場数の差です。

経理だからこそ説明の機会を積極的に

経理パーソンは自分たちの職種のこのような特殊性をまず理解しましょう。そして，説明する機会があれば担当者のうちから積極的に活用すべきです。

例えば経費精算の仕組みが変わるので説明会を開くということもあるでしょう。各部門の定例会議で５分ほど予算について説明するという機会もあります。説明は面白くない，緊張する，とあまり気乗りしないかもしれません。ですが「何を説明するか」より「説明する機会がある」ことに注目しましょう。

最初はとにかく出向いて，説明して，質問が出たら一生懸命答えてみる。質問されるということは，説明した内容が不十分か，わかりにくいということです。反省を踏まえて次の機会では説明を変えるサイクルを回してみる。この繰り返しこそ価値があるのです。

担当者のうちに場数を踏むメリットは，困ったら上司に助けを求めることができるという点です。他の部門への説明会であれば，おそらく担当者１人で行くことは少ないはずです。上司が同席していれば，答えづらい質問や厳しい要望が出たときに上司に任せることができます。ある意味，**逃げることができる安全な場所にいるうちに経験を積んで成長したほうが賢明**です。

自主的な取り組みはさらに能力アップにつながる

一歩進んで，自主的に勉強会を主催するのも自分を成長させます。

例えば，新しい会計基準の導入や税法の改正などがあるなら，関連する自主的な勉強会を幹事として立ち上げるのです。

幹事の業務は煩雑で面倒かもしれません。会議室を予約する，テキストを決める，参加者を募る，章ごとの担当を割り振る，など決め事はたくさんあります。だからこそ段取り力と実行力が身につくのです。

ここで使う段取り力はプロジェクトマネジメントと同じであり，管理職になると大いに必要になるものです。自主的な取り組みなら，もし失敗しても問題ありません。

物事は人に教えることで本当に理解できるといいますが，そのとおりです。チームで勉強すれば思わぬ質問が出てきますし，これに対する答えを真剣に考えれば対応の瞬発力とわかりやすい説明力が身につけられます。経理パーソンは説明力を試す場が少ない分，身につけたら頭１つ２つ飛び抜けられます。

まとめ

敬遠される仕事を引き受けて，スキルアップしよう。

6 社内セミナーは自分の領域を無料で広げるチャンス

社内で会社主催の研修が開かれることがあります。経理と直接の関連がなくても構いませんので積極的に参加してください。むしろ経理以外の，一見かけ離れた分野の研修に参加するほうがおすすめです。なぜなら，日頃の業務では得られない知識と人脈が効率的に手に入るからです。

新入社員や中途社員向けに時間を設けて，創業背景や歴史を解説する会社もあります。例えば私がウォルト・ディズニー社に入社したときには，同時期に入社した仲間とともに各キャラクターの名前やミッキーマウス誕生の経緯を学びました。

社内セミナーは後から役に立つ

これらの知識は日常業務に直接役立つものではありませんが，会社に対する理解を深めます。社歴が長い人からすれば当然知っている知識なので，知っていることで親近感を感じてもらえます。

セミナー中は参加者もリラックスしていて，雑談に花が咲くこともしばしばです。何気ないやり取りを通じて他部門に知り合いを増やすことができれば，今後の経理業務でも役立ちます。何か疑問があったら「セミナーで一緒だった○○部門の○○さんに聞こう」と問い合わせたり，人からの質問で「○○部門の○○さんが詳しい」と紹介できたり，少しでもつながりがあれば社内の人間関係を業務に活用できるからです。

これは社内セミナーならではの特長といえるでしょう。

他のメリットとして，社内セミナーは自社に合うようにカスタマイズされている点が挙げられます。社外で開催されるセミナーの場合，「うちの会社ではこんなことはない」「当てはまる事例が少ない」と感じたことはありませんか？　社内セミナーは自社のために開催されるので，ズレは少ないはずです。

参加者も自社の社員なので，講師への質問で他の部門の課題を知ったり，講師からの回答で解決策を学んだりできます。つまり，自社について学ぶ機会として内容が凝縮されており，とても効率がよいのです。

管理職向けなど参加者が限定されているものもあれば，制限がないものもあります。自社知識を増やすことやネットワーキングが目的なら，内容はそれほどこだわらなくてもいいのです。

例えば，社内でExcelについてのセミナーがあるなら，それに参加するのもいいでしょう。多くの経理パーソンはExcelを使い慣れていて得意だと思います。なのに，なぜセミナーに参加するのか。それは，社内の一般的なExcelスキルのレベルを知ることが今後の業務に役に立つからです。

経理パーソンなら，各部門の担当者にExcelファイルを埋めてもらうのに苦労した経験をお持ちではないでしょうか。社内セミナーに参加すると理由がつかめます。日常業務で使う機会が少ない部門にとって，どこまでがわかる範囲でどこからが「難しい」と感じられるラインなのか，参加者の様子からわかるからです。社内の平均的なレベルを知ると，Excelに慣れている自分たちが各部門にどう依頼して，どうサポートすればいいかを考えられます。

中途入社の場合には特に効果的

私の経験からいうと，会社が大事にしている考え方を知ることができたのが，社内セミナーの最も大きな学びでした。

日本マクドナルドはハンバーガー大学という社内教育機関を持っていることで有名です。在職中に，店舗のアルバイトのリーダーの方とともにここで学ぶ機会を得ました。

そのときに知った「今ここに集中する」という言葉は，当時社内でコミュニケーションするときにも意識していましたし，今も大事にしています。特に中途入社組にとっては，社内で当然とされる概念についてあらためて学べる機会は多くありません。セミナーという形でまとめて吸収できたのは助かりました。

まとめ

社内セミナーで知識と人脈を同時に手に入れよう。

7 転職を考える前にやっておくべきこと

転職を考えるようになると，人は「今の会社では○○できない」「仕事の進め方に不満がある」と具体的に振り返りを始めます。だからこそ転職したいという話になるのですが，このとき「本当に今の会社では身につけられないのか？」という検討は横に置かれがちです。

どのような会社でも身につけられる経験と知識は必ずあります。それらに目を向けられたかどうかは，その後の成長を大きく左右します。

自社のパズルのピースに目を向ける

経理は，どの会社でも共通する部分が多い職種です。前述のようにキャリアをパズルの一環として考えたとき，まだ多くのピースを集められていないのであれば，社内でも手持ちのピースの数を増やせます。その経験は確実に転職時の職歴や自己紹介で役立つものです。

何らかの理由で一度「この会社を辞めたい」思ってしまうと，いくら魅力的なピースがたくさん周囲にあったとしても気持ちが向かわなくなってしまいます。人間なのだから仕方がありません。また，転職活動をスタートさせると応募先企業の対策に追われ，自分自身のスキルアップに目を向けるのは時間的にもエネルギー的にも難しくなります。そこで，ぜひ転職を考え始める前に「今どんなピースが社内にあるのか」「自分はどれを持っているのか」の棚卸をしましょう。

定期的に自分とキャリアを考える

見直しのタイミングを逃さないためには，自分自身を定点観測するといいでしょう。会社の評価のタイミングに合わせて１年または半年に１度は必ず考えてみるのもおすすめです。

これもタイミングシフトの１つです。転職の段階でいろいろ考えるのではなく，自分自身のキャリアについては分散して定期的に分析・検討しておくのです。合わせて，自分が希望する方向性やこれから欲しいピース（経験）をあらかじめ整理しておきます。

今のキャリアと将来に向けた棚卸をしておくと，もし「うちの会社が経理を探している」という話を聞いたときに，それが自分にとっていい話なのか瞬時に判断できるようになります。

自分自身の棚卸をしていない状態で話を聞いてしまうのは危険です。「給料も今より上がりそう」「華やかな業界だから」といった一般的でわかりやすい基準で判断しがちだからです。本当にあなたが目指しているピースがそこにあるのでしょうか。

転職先を決めるうえでありがちな失敗は，一般的な基準で求人案件を判断してしまうことです。**評判や条件だけでなく自分独自の判断基準で考えられるよう，自前のモノサシを準備しておきましょう。**

転職エージェントが紹介する案件の中に自分にぴったりのものが入っていないとき，多くの人は転職することが大事とばかりに多少のことは目をつぶって「一番マシ」な案件を選びます。自分を案件に合わせてしまうのです。しかしキャリアはみなさん自身のものであり，将来に向かって続きます。タイミングはゆったりと構えつつ，判断基準はシビアになれるように事前準備をしておいてください。

まとめ

転職を考える前こそ，転職の「仕込み」をしよう。

第5章

社外

メディアから専門情報を入手しよう

この章では，社外から経理関連の情報を集める方法について紹介します。経理業務は専門性が高く，法律なども関わるため常に情報を更新していく必要があります。どの情報に集中し，どこで力を抜いていいのか。業務の中で無理なく続けられるものに絞りました。

1 なぜ社外からの情報が必要なのか

仕事をするだけなら，社内情報にさえ精通していれば済むのではないかと考える人は多いかもしれません。しかし，ここまで述べてきたような課題に対応するためには，素材となるアイデアやさまざまな情報が必要です。

社外からの情報は問題の早期解決に役立つ

多くの会社では社内でアイデアを持ち寄って会議するという方法をとりますが，なかなかよい解決策が出ないこともしばしばです。その理由は，思考の硬直化とアイデアの枯渇です。

社内メンバーは同じ場所にいるため，どうしても得られる情報が似てきます。ともに過ごす時間が長いため，思いつくアイデアも似通ってきます。結局，会議で議論しても同じような意見が堂々巡りをしていることが多いのです。

社内で検討して解決できれば確かにお金も時間もかかりません。しかし実際はかなりの遠回りと感じます。限られた情報や考えだけでは早期解決は難しいからです。

最近よくダイバーシティ経営という言葉を聞きます。ダイバーシティがなぜ経営にメリットをもたらすかといえば，さまざまな属性のメンバーが経験や知識を持ち寄って多様な観点で検討することで，よりよい解決ができるからです。

経理業務でも考え方は同じです。ずっとその会社で働いているメンバーだけではアイデアが出なくても，中途入社者からの「前の会社ではこう解決した」「こんなケースに出会ったことがある」という情報が突破口になったりします。なるべくいろんな場を経験した人たちがたくさん意見を述べられる環境のほうが，解決が早いのです。

経理の三種の神器が生きている会社と絶滅した会社

先日「経理三種の神器」という話を聞きました。「電卓／指サック／定規」がその神器に当たります。

指サックと定規は10年ほど前まではよく目にしましたが，ペーパーレスが進んだ最近ではあまり見かけなくなりました。電卓も同じです。以前の経理パーソンは打ち合わせに必ず電卓を持っていきましたが，最近では少なくなりました。今はスマホに電卓機能がついているので，いざというときはそれを使えば事足ります。

しかし先日テレビで指サックして請求書をめくっている姿を見かけました。会社による差が大きいということなのでしょう，社内にだけ目を向けていると，この事実にはなかなか気がつきません。

「自社の常識は他社の非常識」という言葉もあります。従来のやり方がよくないという意味ではなく，いろいろな方法があることをまず知ってください。そのうえで，最も自社に合うやり方を選ぶというのが大事なのです。

経理の悩みはどの会社でも似通っている

逆に，他社と同じだからこそ解決できる場合もあります。経理はどの会社でも比較的似た業務があるため，他社も自社と同じ悩みを抱えているケースが多いからです。すでに解決した他社があるのであれば，その話を聞いてみる価値は大いにあるでしょう。

例えば売上の消込みは，経理業務の中でも手数がかかる代表的なものです。最近では消込みに特化したクラウド上のソフトウェアもあります。この存在を知っているかどうか，導入を検討するかどうかで経理の今後の業務負担も大きく変わっていきます。

また，これまでシステム開発といえば時間とお金を膨大にかけて一から構築するケースもよく見ましたが，最近は考え方が変化しています。既存のパッケージを導入する場合でも自社仕様の追加開発はせず，初期設定では従来の業務の進め方と合わない部分は人間の作業の仕方を変えて対応する会社が増えています。

欧米ではこの考え方が以前からあったようですが，日本では最近のことです。カスタマイズは「うちの会社はやり方が特殊だから」と行われることが多いのですが，本当にそうなのでしょうか。その特殊性は「単なる昔からの慣習」という場合もよくあります。同じ処理を他社はどうやって行っているのか，まずは情報を集めてみるのもいいと思います。

社外からアイデアや方法を参考にできれば，新しくゼロから生み出すよりはるかに時間を短縮でき，失敗の可能性も減ります。開発や検討の時間が短くなればかかるコストも減るでしょう。膠着してメンバーのモチベーションが下がっているのであれば，斬新な視点はいいカンフル剤になります。

最終的に採用するかどうかは別として，いろいろな手段を駆使して社外から情報を入手することは，ビジネスパーソンにとって不可欠な業務なのです。

まとめ

社外に目を向けることで，時間短縮につなげよう。

2 経理の専門家を最大限に「活用」するメリット

社外ブレーンとして専門家の力も大いに借りましょう。代表的な専門家として，税理士と公認会計士が挙げられます。しかし二者の違いを明確に把握している経理パーソンは少ないかもしれません。

税理士は税金の専門家で，中小企業から大企業までカバーできる人も多くいます。一方，公認会計士は会計の専門家で，主要顧客は大企業，特に上場企業に強いのが特徴です。多くの会社は規模が小さいうちに顧問税理士と契約し，上場を考え始めたとき公認会計士とも契約する流れを辿ります。

どの専門家が適切かを判断する

専門家を活用する１つ目のポイントは，正しい専門家を使い分けることです。詳しくない人に聞くのは時間がもったいないので，最も適切な専門家を選ばなければいけません。そのためにもそれぞれの専門家の守備範囲を正しく理解しておくことが必要です。

一般的に，税金に関する質問であれば税理士にするのがいいでしょう。中には税理士と公認会計士の両方の資格を持っている人もいますが，この場合は会計と税金の両方がわかり，さまざまな規模の企業への対応が期待できます。

裏を返せば，税理士資格を持たない公認会計士に税金の相談をしてもあまりいい回答は得られません。公認会計士の資格を持っていても，税金についてそれほど詳しくない人も多いのです。

もちろん例外もありますので，詳しくは個別に確認が必要ですが，上記のようなパターンを知っておくと進めやすいと思います。

その他の専門家として，コンサルタントがいます。実務的な観点からのアドバイスが欲しい場合によく依頼される存在です。

前述の税理士や公認会計士といった士業は，どちらかというと助言業務を中心に行うことがしばしばです。そのため，社内の人材不足を補って一緒に作業を行う場合は，コンサルタント会社にお願いするのがよいでしょう。

彼らに依頼するのは，士業に比べると価格の面でリーズナブルだからです。手を動かすような工数がかかる業務を士業にお願いすると，どうしても高くつきます。税理士や公認会計士などの士業は「頭」として，コンサルタントは「手」として期待するというのも，大きな分け方としてはわかりやすいかもしれません。

一時的な業務は専門家の手を借りる

専門家を効果的に活用するもう１つの方法としては，一時的にしか発生しない業務を依頼するやり方があります。例えば上場するための書類作りや，システム移行の際のプロジェクトマネジメントなどは「そのときは必要，でも今後社内では発生しない」と思われるイベント業務です。しかし同時に専門性が必要なため，専門家の知識を借りなければいけません。こんな場合は専門家が能力を発揮してくれるはずです。

上手な問い合わせの仕方を身につけよう

専門家から早期に適切な回答を得るためにはコツがあります。

何を質問したいかわからないようには，いくら専門家でも答えようがありません。問い合わせ内容を明確にするためだけにメールが何往復もすることがあります。このような無駄なやり取りを防ぐために，以下の点は最初の問い合わせ時に明記するのをおすすめします。

まず，問い合わせの対象である案件の概要など，検討の前提となる情報が必要です。専門家は多くの顧問先を抱えていることも多いため，質問の際には最低限の情報を伝えたほうが，理解がスムーズです。

また，今回問い合わせをする経緯や理由も大事です。何か不具合が生じたのか，それとも取引先との契約条件が変わったのか。問い合わせに至ったきっかけは，時に回答内容に影響します。さらに自社が望む回答があれば，それも書きます。会計や税務では，条件が少し変われば結論が変わることも多くあります。もし自社が期待する結論の方向性が明確なら，「この条件を加えれば，問題ない」といった実現のための助言を専門家から引き出すこともできるのです。

■専門家に質問するときに伝えるべき情報

- ☑案件の概要，回答期限などの前提条件
- ☑なぜ今回この質問をするのかという経緯
- ☑自分たちが望んでいる回答の方向性

これらの情報によって回答内容も変わります。「○○についてお聞きしたい」と１，２行だけの曖昧模糊としたメールで終わらせてしまう人は，おそらく専門家が回答を出すための必要情報がわかっていないのだと思います。

メールの工夫に加えて，専門家を活用するスキルを身につけるために効果的なのは，なるべく早いうちから専門家との打ち合わせに同席することです。門前の小僧のように，相談時に求められる情報は何か，聞いているうちに少しずつわかるようになると思います。

調べ方や考え方を専門家から学ぶ

専門家に質問して「OKかNGか」の結論だけを確認する人がいますが，これは専門家の活用方法としてはとてももったいないことです。そのときは同時に「どうやったら調べられるのか」「なぜこの結論になるのか」も確認しましょう。

毎回結論だけ聞いているのでは，同じような案件が発生するたびに質問しなくてはいけません。調べ方と考え方を聞いておけば，次回はある程度自力で解決策を導けるかもしれませんし，わからないことがあっても長く時間を取らずに「これで合っていますか」と端的に聞けます。

専門家は忙しいので，要点をまとめてある質問はとても歓迎されます。それにきちんと理解してもらえれば今後の質問対応が減るため，尋ねれば詳しく教えてくれる専門家がほとんどです。高い専門家報酬を払うのであれば，ぜひ結論だけではなく，社内に知識やノウハウが残るようにするといいでしょう。

専門家の活用は「誰に聞くか／何を聞くか／どう聞くか」の3つで効果や工数が大きく変わります。ぜひ意識してみてください。

まとめ

> 専門家の特性を踏まえて，使い倒すコツを身につけよう。

3 よいセミナーを見分ける３つのポイント

社外の知識を吸収するには，さまざまな場所で開催されるセミナーへの参加も効果的です。ただし，よいセミナーをきちんと見分けて，限られた時間を有効に使わなければ損です。出席したけれどあまり得られたものがなかった，という経験はありませんか？　これを防ぐには３つのポイントがあります。

セミナーの参加を検討するときは，みなさんパンフレットを見ると思います。パンフレットの読み方を工夫するだけで，参加する価値があるか判別できます。

■セミナー検討時のチェックポイント
- ☑講師のプロフィール
- ☑プログラム内容
- ☑対象者

講師プロフィールは「話す資格があるかどうか」

第１のポイントは，講師のプロフィールです。この人はこのセミナーの内容を話す資格があるのかどうかを判断するためです。

例えば消費税増税や軽減税率について知りたかったら，話すのに最も適した人は誰でしょうか。それは監督官庁である国税庁の職員です。実際に国税庁の人のセミナーはいつも人気が高く，これは「最も正確な内容を知っているはず」という期待の表われともいえます。

意外に思う人もいるかもしれませんが，**官公庁には話術に長けている人が多い**のです。内容が難しい分，なんとかわかってもらおうと言葉を工夫して話す努力をしているのでしょう。ただ，使われる資料が難解なことが多いのは，内容の性格ゆえに仕方がないと感じます。

もし実務対応について知りたいなら，国税庁の職員より，日頃企業の業務支援をしているコンサルタントが適任でしょう。「何をいつまでに対応したらいいのか」という細かな情報に詳しいはずです。実務での対応はいろいろなケースが考えられるので，なるべく案件実績が多いコンサルタントのほうが参考になります。

コンサルティング会社に所属するコンサルタントが講師の場合，その会社と講師個人の実績をともに確認するのをおすすめします。たとえある分野での実績が多いコンサルタント会社だとしても，講師がその会社の代表者だと，現場で頻発する問題点には通じていない場合がありうるからです。

同じ消費税というテーマでも「自分が知りたいことは何か」「その情報を持っている人は誰か」を考えると，自ずと適した講師がわかります。

実は，会計士などの専門家は，詳しくないテーマでもある程度講演することができるものです。ただし，実際に案件を数多くこなしている人と比べると，どちらの話が役に立つのかは明らかでしょう。

プログラム内容を見れば誤魔化されない

第2の確認ポイントは，プログラム内容です。最近はあらゆるセミナーに「AI」や「働き方改革」というサブタイトルがついています。世の流行や関心を踏まえてのことですが，実際は従来と内容が同じというケースもあります。この区別をつけるにはプログラム内容を見るのが一番です。

サブタイトルは魅力的でも，プログラムの項目は本当にそれに沿っているでしょうか。プログラムは講座内容そのものなので，こちらが検討すべき本当の中身です。キャッチーなタイトルほど気をつけたほうがいいでしょう。

理解度を左右する想定対象者

第３の確認ポイントは，対象者です。大半のセミナーは想定する対象者を明記しています。親切なものでは，わざわざ職位や経験年数も書いてあります。ぜひこれを参考にしてください。

まず管理職向けのものと初心者向けのものでは，講師が話す内容のレベルが違います。管理職向けでは最低限の用語は知っている前提で話を進めますので，初心者なのに間違って参加してしまうと用語がそもそもわからないという残念な事態になりかねません。

不安なら主催者に確認してみてください。私も自分が講師を務めるセミナーでレベルや内容について事前に質問をいただくことがあります。参加者が何を求め何を心配しているのかつかめるので，講師にとってもありがたい情報です。

セミナーは，参加される方の問題解決につながったら成功です。そのためには，会社のお金と自分の時間を投資する価値があるのかどうか，事前に慎重に検討してください。

まとめ

> セミナー参加は，パンフレットを熟読して決めよう。

4 セミナーには疑問を３つ持って参加しよう

セミナーは出席が目的ではなく，何か解決したいことがあって，それを解決するために専門家の知識や知恵を借りにいくのが目的です。そう考えると，社外セミナーは専門家の活用の１つの形態といえます。

セミナーに参加する具体的な理由こそが大事

セミナーに参加するときには「なぜこのセミナーに参加するのか」を具体的に考えてみてください。そのときに挙がった悩みが１つでも解決すれば，セミナー参加は成功といえます。

世の中で開催されるほとんどのセミナーアンケートでは，５点満点でも４点を割らないそうです。総じて「よい」という評価です。これは**心理学でいう「合理化」が作用している**と感じます。セミナーのアンケートに悪い点をつけたとすると「今日参加した自分は間違っていた」「せっかくかけた時間と費用は無駄だった」と認めてしまうことになります。それを避けるため，参加者はみんな「よかった」という結論を導きがちです。

しかし，実際に大事なのは総括的な評価ではなく「持っていた課題がちゃんと解決できたか」という個別の問題です。最終的な感想を「なんとなくよかった」でまとめてしまわないためにも，セミナーに参加する前に自分自身の論点を明確にしましょう。

申込み時点でまず考えてください。「何かいいセミナーはないかな」と探し始めたときは必ず解決したい課題があるはずです。意識に上がった課題はメモしておいてください。ただ思うだけではすぐに忘れてしまうので，後から見返せるよう言葉にして残しておくことが大切です。

申込みから参加までの期間に実務をやっていると，「そういえばこれも知りたい」「これはどうやるのか」と疑問や課題を思いつくこともあるでしょう。このときも同じようにすかさずメモを取ります。

これをセミナー開催日まで繰り返すと，おそらく３つくらいは「セミナーで解決したい課題」が出てきます。日々のメモでチェックする方法は，改めて時間をとって何を聞きたいかを考えるより早く具体化できます。実務の中で出てきた課題ならセミナーで答えが得られればすぐ仕事で活用できるので，とても効果的です。

当日は自分が聞きたいところを中心にメリハリをつけて聞く

当日も，事前に用意した３つの自己課題が役立ちます。

正直なところ，１日や半日をかけたセミナーだと途中は眠くなります。やはり人の集中力はそんなに長くは続かないからです。長丁場のセミナーの場合，もし多少寝てしまっても自分の課題が解決するのであれば問題ない，と割り切るのも１つの手だと考えます。

そのためには「集中すべき時間」を予測し，この時間ではしっかり聞ける態勢を整えなければいけません。そこで使うのが，事前に準備した３つの自己課題です。講師は冒頭で今日の流れを説明するので「このあたりでたぶんこの項目の話が出るだろう」と予想できるからです。

セミナーの成果物は「マイアクションリスト」

講義を聞く際には，聞きながらアクションリストを作るといいでしょう。アクションリストとは，講師の話の中で「これは自社で使えそう」と思ったものをどんどんリストにしたものです。講師が話した内容をそのままテキストに書き込む方が多いのですが，「実践する」という前提で作るアクションリストのほうが，実務への即効性が高いといえます。

みなさんのセミナー参加目的は最終的に実務に活かして使うことであり，知識を増やすことではありません。また，日々の業務は忙しくてテキストを丸ごと復習する時間はないでしょう。まとめ直す時間が期待できないのであれば，初めから使う視点でメモをまとめておいたほうがいいのです。

メモする場所も大事です。テキストの裏表紙の空いているところにまとめて書いておくと，後から見直しが簡単に行えます。それぞれのページに書き込む場合には，実務に活かせそうな内容のメモは，★印をつけるなどしてぱっと確認できるようにしておきましょう（下図参照）。多忙なみなさんが実務に戻って確認のためにとれる時間はほとんどないはずです。あらかじめそのことを想定してメモを工夫しておくことが，実際の活用につなげるコツです。

■セミナーのメモのとり方

もし３つの自己課題に対する回答がセミナー中に得られなかった場合は，遠慮なく講師に質問してください。みなさんは受講料を払っているのですから，まったく問題はありません。質問は講師にとっても情報収集になりますので，大半の講師は喜んで対応してくれるはずです。

質問するコツとしては，講義が終わった瞬間に質問に出向くことです。しばらく躊躇していると名刺交換と質問の列があっという間にできてしまいます。その前に率先して質問してしまえば，待たされずに早く帰れます。

まとめ

得た情報は実務に使いやすい形に加工して持ち帰ろう。

5 経理専門雑誌はくまなく読まなくても大丈夫

会社で経理専門雑誌を定期購読している場合，どのように目を通したらいいのでしょうか。月に3～4回も来るので読み方に工夫が必要です。経理パーソンになりたての場合は難しく感じ，タイトルだけでは何の話なのかすらわからないかもしれません。

専門家も読むものだと理解する

経理分野の主な雑誌には，月3回発行の『旬刊経理情報』（中央経済社）や『週刊経営財務』（税務研究会）があります。前者はカラーで見やすく，比較的実務的な記事が多いのが特徴です。後者は財務会計に関する記事が充実しており，専門家の支持が強いようです。

これらの雑誌は会社の経理部門が購読するほか，専門家も読んでいます。専門家のニーズにも応えられるよう，専門性が高い記事がさまざまな業種に合致するよう網羅的に掲載されています。正直なところ，私も専門家の1人ではあるものの，難しく感じる記事も多いです。

例えば，「会計基準がこういう方向で改正されそう」という情報が検討段階で速報として共有される記事もあります。大半の実務担当者にとっては正式に基準になっていない内容は実務で使いません。基準制定後，内容を理解して対応すれば十分です。しかし，経理部長など管理職層からすると，将来の可能性に向けた情報収集はある程度必要です。つまり，欲しい情報の種類は，立場によって違うといえます。

自分の手元に回ってきたらすぐに次に回す

だからこそ，社内で回覧されるときは自分の手元で溜めないようにするのが鉄則です。そもそも雑誌は速報性が大事です。回ってきたら素早く目を通して，次の人に渡しましょう。

早く手放すコツとしては，**まず目次に目を通す**ことです。担当する勘定科目や業務に関する記事があるか見て，なければすぐ次の人に回します。必ず毎号全ページを読み通す必要はありません。

自分にとって必要な記事を効率的に見つけるには，前述のように自分の担当業務を棚卸しておくのが有効です。自分が興味ある記事のキーワードを特定しておくのもおすすめです。「IFRS」「RPA」が出ている記事は必ず読む，というように事前に決めておくのです。この基準に沿って読みたい記事を見つけた場合には業務の合間に読むか，１日だけ持ち帰って通勤電車で読んでもいいでしょう。

雑誌を部門で回覧して保管するケースもあれば，届いたらすぐファイルにまとめて保管するケースもあります。しかし，ファイルに綴じてしまうとなかなか読まないのが実情です。回覧されている場合には，特定の人のデスクに「積ん読」になって滞留しているのもよく見かけます。

正直なところ，私たちがプライベートで読む雑誌と違って，見ても楽しいものではなく，確かに「時間があるから読んでおこう」という気持ちにはなりにくいと思います。その前提に立ったうえで，読むタイミングや読み方の工夫が必要なのです。

大まかな内容だけを把握する

記事を読むときのポイントは，「**難しい言葉は飛ばして読む**」です。多少の専門用語で引っかかったとしても，調べずに飛ばして読み進めましょう。学生時代に習った「英語長文の読み方」と同じです。その単語にこだわるより，全体がどんなことを書いてあるのか理解することを優先してください。読む時間の目安としては１ページ５分程度で十分だと思います。

一読していれば，何が書いてあったのかある程度記憶に残ります。実務であとから正確に知りたくなったときに改めて雑誌を取り出してみればいいのです。大まかな内容や結論を覚えておきたいなら，メモしておくとさらに役に立つでしょう。**毎回熟読せず，頭に概要を放り込んで使うときに引き出す**。実務では必要なときに使えればいいのです。記憶する必要はありません。

まとめ

専門雑誌は，まずはざっと目を通しておこう。

6 経理専門書籍は２つを使い分ける

社外の情報源として専門書籍を読むのも有効です。書籍のタイプを２つに分け，必要に応じて使い分けるのがコツです。

辞書本とトピック本の２タイプ

本屋に行くと難しそうな経理専門書が多数並んでいます。会社の本棚にも経費で買った分厚い本が置かれていることでしょう。経理の仕事は会計基準や税法に沿う必要があり，改正も多いので継続的な学習が不可欠です。

経理の専門書籍は大きく分けて２種類あります。会計基準や税法についての辞書本と，特定の観点で解説をまとめたトピック本です。

辞書本はすべてを読んではいけない

辞書本の代表例としては『会計監査六法』（日本公認会計士協会／企業会計基準委員会共編）や『税務便覧』（税務経理協会編）があります。これらは条文等が網羅されており，辞書のように使う本です。間違っても前から順に読んではいけません。分厚いので挫折してしまうだけでなく，まずは抽象的な説明から入るため，実務に対する即効性が高くはありません。例えば，「税理士に質問したところ，根拠となる税法を教えてもらった」という場合に，辞書本から探して参照するような使い方がいいでしょう。

経理の世界には多数のルールがあるので，辞書本も多く存在します。しかし条文というのは会計士として20年近いキャリアがある私でも正直難しく，うんざりします。専門家であっても理解しづらいものなので，実務で忙しい経理パーソンがそれをすべて理解するのは現実的に難しいでしょう。

条文は，いろいろなケースに当てはまるように一般化された表現で書かれています。しかし，実務を担うみなさんは，条文そのものだけを見て対応することはなく，常に自社の具体例が存在します。実例とセットで条文を理解すれば足りますし，そのほうが理解しやすいはずです。だから必要なときに参照する程度の使い方で大丈夫なのです。

また，条文はまれな例についても述べられているため，自社にあまり関係ない部分も多々あります。そのような内容までカバーするのは時間の無駄です。

トピック本は書店で手に取って選ぼう

もう一方のトピック本として，「RPA」や「消費税増税への対応」などをテーマに据えたものが挙げられます。これらの本はそれほど分厚くないので，前から順に読んで構いません。新しい概念や考え方を紹介する目的があるので，わかりやすく書かれているのも特徴です。

時間がない場合には目次を活用してください。目次を見て自分に関係ある項目や興味がある章を特定して，そこだけ読む「つまみ食い」でもOKです。一般的なビジネス書の読み方と同じです。

書籍は読むのに多少の時間がかかります。みなさんの大切な時間を投資する対象なので，著者が誰なのかはこだわりましょう。セミナーと同じで「著者にこのテーマを語る資格があるのか」は必ず確認します。辞書本は条文などを根拠にしているのでそれほど幅がないのですが，特定のテーマを扱うトピック本の場合は大きな違いがあります。

確認することの重要性を考えると，トピック本は書店で実際に手に取り，中身を見て購入するほうが失敗が少ないでしょう。経理専門書はビジネス街の書店の品揃えが充実していて，足を運ぶと複数の書籍を見比べられます。

実際に手に取ると，好みによって装丁や文体がしっくり来るものと来ないものがあります。経理の専門書は「である調」で書かれているものが多いのですが，私の場合，「ですます調」のほうが読みやすいので，買うときはそちらをよく選んでいます。

トピック本は，できれば著者が異なる類書を何冊か購入するとよいでしょう。そうすると全体像がより明確になります。特に「RPA」のような実務色が強いテーマは，著者がどれだけ事例を知っているかで内容が変わってきます。幅広い知識を仕入れるためにも広く浅く読むのが効果的です。

経理業界での新しいトピックは，セミナー，雑誌，書籍の順で広がっていきます。話題の「RPA」も３～４年前から考え方を紹介するセミナーが開催され，雑誌で特集されるようになり，この１～２年で書籍として見かけるようになりました。書籍化されるテーマはある程度業界で定着した常識や考え方が多いので，最新情報が知りたいときはセミナーに参加するのが一番です。

一方，書籍は編集や監修を経るため質が高く，内容が体系立ってまとまっている点で価値が高いといえます。情報が欲しいタイミングと払えるコストを考慮して，セミナーと書籍を使い分けましょう。

まとめ
書籍に合った読み方で，欲しい情報を効率的に入手しよう。

7 ネットで定点観測ポイントを作る

社外からの情報収集としてセミナー，雑誌，書籍を取り上げましたが，日常生活と同様に，インターネットもとても役に立つ手段です。特に情報をいち早く入手する点では最適です。その反面，情報の正しさについて判断がつきにくい短所があるので，そこは注意しなければいけません。

ネットの特性をうまく押さえる

セミナーでも書籍でも，情報の信頼性は講師や著者を見て判断すると述べましたが，ここでも考え方は同じです。ネット上では実名や肩書を明かさずに情報を発信する人も多くいます。実務の細かい話や裏話はあえて正体を明かさないほうが詳しく披露できるかもしれません。その詳細が参考になる場合もあるので，内容次第で使い分けるのがいいでしょう。

会計基準などの公的な情報は，やはり誰が発信しているのかを重視します。例えば大手監査法人のサイトや著述が多い公認会計士だと安心できます。

実務的な話であれば，それほど発信者にこだわる必要はありません。情報が役に立つかどうかは読み手の主観的なものだからです。いくつか読んでから「信頼できるかどうか」を判断するのが賢明です。

情報源を広げたいときは，自分が信頼している情報源の発信者が何を参照しているかチェックしてみましょう。引用元として表示した文献やURLのほか，SNSなら発信者がフォローしている人がわかります。信頼できる人が信頼しているということは，やはり信頼できる可能性が高いものです。効率的に候補を絞ることができます。

ネットなら情報収集を効率的に行うことができる

このように見つけた情報源となるサイトをお気に入りに登録して休憩がてら見に行くのもいいですし，RSSで情報を１カ所にまとめてチェックしてもいいでしょう。

例えば，私は，公認会計士の武田雄治さんの『CFOのための最新情報』というブログを愛読しています。情報が一元的にまとまっていて，経理パーソンのポータルニュースサイトのように使えるからです。即時性が高く，簡潔にまとめられているのも大きな特徴です。

もし発信者がメールマガジンを発行していたら登録しましょう。わざわざ見に行く手間が省けるうえにメールボックスで一元管理できるので，省力化の面でもおすすめです。

最近は会計専門出版社などもFacebookやTwitterで情報発信しています。自分が日常で使い慣れているメディアを使えば負担も減ります。

得た情報は部門内で共有すると喜ばれる

入手した情報はその後の扱い方も大事です。知識を知っただけでは価値は半分です。自分１人だけが持っていても実務では活用しにくいからです。

もし部内会議の議題に関連する情報が入手できたら，積極的に部内で共有しましょう。メールで経理部門のメンバー宛にサイトアドレスを転送するとか，どんな内容かの要約を載せても親切です。例えば「RPAの導入事例の記事です。まだ大手金融機関での導入が中心ですね」といった感じです。

情報の入手と共有を重ねていけば，先輩や上司はあなたのアンテナの高さを認識します。ネットでの情報収集力は個人差がとても大きく，有益な情報を常に仕入れられるスキルはビジネスのうえでも評価されます。

また，一般論として，ベテラン経理パーソンは従来の書籍や雑誌を中心に情報を集めるのが得意ですが，ネットでの情報収集は不得手なことが多いものです。だからこそネットに慣れた若手にはチャンスです。

もしネットでの情報収集が好き，または得意なのであれば，ぜひそれを仕事に生かし，共有によって情報とあなたのスキルをみなさんに知ってもらいましょう。「これ，どうやって見つけたの？」と言われたらしめたものです。

Ｑ＆Ａサイトとは慎重に付き合う

注意しなければいけないのは，ネットのＱ＆Ａサイトです。誰かが質問すると誰かが答えてくれる，情報は開示されてみんなが読めるという点ではとても便利ですが，正確性が保証されていません。

時折，会計処理について質問する人がいますが，専門家として回答を見ると正解もあれば誤りもあります。回答者が匿名なこともあり，必ず正しいとは言い切れません。**実務ではＱ＆Ａサイトをそのまま鵜呑みにはしない**でください。会計処理を決める場合はなおさらです。

上司の立場からすると，メンバーがＱ＆Ａサイトをもとに業務を進めていたと知ったら「正確性の大切さがわかっていないのか」「正しい調べ方が身についていないのか」といくつも不安を覚えます。

参考にするのは構いませんが，必ず「正しいかどうか」の裏を取るようにしてください。同じ用語や手法について，他の信頼できるサイトではどのように書かれているかを調べたり，書籍や雑誌にあたったり，専門家に質問するのもいいでしょう。もちろん，部門の先輩や上司に聞いても構いません。

特性に十二分に注意したうえで使えば，ネットも情報源として業務の効率化に使えます。

まとめ

得意なネット検索を情報源にしよう。

第6章

社外

ビジネス一般情報や生情報との付き合い方

経理パーソンは，日頃から専門性に注目するあまり，ビジネス全般に関する情報収集に弱い傾向があります。日常業務の遂行と専門的な情報の収集だけで精一杯という人も多いのではないでしょうか。

この章では，一般ニュースを読み込む能力を高める方法を紹介します。

1 経理パーソンが一般ニュースを読む視点

みなさんが扱う会計は，ビジネスとの合わせ鏡です。ビジネスの状況を金額に翻訳するのが会計です。そのため，翻訳の対象をよく知らなければ，いくら翻訳スキルを磨いたとしてもよい翻訳はできません。

自分の翻訳対象だけでよいので知っておきましょう。具体的には，**自社に関する情報，自社が属する業界の情報，ライバル会社の動向**などです。あらかじめ欲しい情報の種類やキーワードを決めたうえで読めば，情報収集にかかる時間が減ります。

競合の情報を押さえる

ライバル会社の新しい取り組みも大切な情報です。自社が近いうちに似たようなことをするかもしれませんし，そうでなくても何か影響が発生するかもしれません。「こんな新しい取り組みを始めるのか」と情報を入手したら「うちの会社にどういう影響があるのか」「経理にどのように影響するのか」などをシミュレーションすると勉強になります。

もし実際に追随することになった場合は，その知識をすぐ業務に反映できます。そのとき慌てて情報収集を始めると抜け漏れを起こしたり，ゼロから知ろうとすれば時間がかかったりします。そうならないよう事前に準備する意味もあるのです。

私が日本マクドナルドにいたとき，外食産業ではデリバリーサービスが広がり始めていました。経済ニュースとしてチェックしていたところ，自社でも「マックデリバリー」と呼ばれる商品の宅配サービスのテストが始まったのです。そのとき発生する新たな経理処理については，他社例を見ながら事前にシミュレーションを考えていたために慌てずに済みました。

例えば制度会計では，発生する費用はどの勘定科目に計上されるのか，売上原価と販売管理費の区分をどうするのかを決めなくてはいけません。また，管理会計の観点からは，デリバリードライバーの雇用が直接契約か外部委託かで利益の影響度合いは変わります。自社の店舗数や規模なども含めて経理として試算や提案が求められます。

私たち経理パーソンは，経理処理だけでなくサービスの形自体の検討にも関わる場合があります。他社ニュースが出た段階で，ある程度の動きを予想していれば，実際に必要になった際にすぐ検討できるでしょう。

「何を考えなくてはいけないか」は誰かが教えてくれるものではありません。特に新規事業となると新しいことばかりで誰も答えを知りません。そのときにヒントになるのが社外から得る情報であり，そのとき思考したことは実践で生かされます。

初心者は会計の視点で情報を集める

経理パーソンになりたての方は，自分の担当業務を中心に「会計に関連する情報はないか」という視点で確認するといいでしょう。こんな記事にも会計の事例が入っている，という程度で構いません。「会計→情報」をなるべくたくさん確認します。

慣れてきたら逆の流れを意識してみます。「情報→会計」という順番です。「この情報は会社の会計にどう関係しているのだろう」と考えるのです。

前者の「会計→情報」のベクトルは，会計の専門用語で「実在性」

に当たります。後者の「情報→会計」のベクトルは「網羅性」に当たります。慣れてきたら，こういった専門知識や概念を活かして，得た情報の検討の仕方を工夫してみるとよいでしょう。

一般ビジネス情報を手に入れることは，先読み力の鍛錬とともに情報収集の効率化にもつながります。日頃からアンテナを立てて，浅く広く情報収集しておくようにしましょう。

まとめ

一般のビジネス情報も，会計の視点で見てみよう。

2 日経新聞で自社情報の公開レベルを確認する

いまだ根強い日経新聞の人気

日本のビジネスパーソンに最も読まれている新聞はやはり『日本経済新聞（日経)』です。以前は朝の通勤電車で紙面を縦折にして読む姿をよく見かけました。最近では紙で読む人こそ減りましたが，スマホを使って電子版をチェックしている人が多いようです。

営業職の場合，得意先で「日経に出ていましたね」という話が出ても話を合わせられなければ商談が終わってしまうかもしれません。中年層以上を中心に，『日経』はビジネス関連の情報源として根強い人気があります。私たち経理パーソンにもお得な情報がいろいろ詰まった新聞でもあるのです。

日経新聞はこう読もう

『日経』は，その名のとおり経済情報に特化しているのが利点です。逆にいえば，複数の新聞を読まなくてもこれだけ目を通しておけば安心ともいえます。では，経理パーソンはどのように『日経』を読めばいいのでしょう。

まず，すべてを読み込む必要はありません。朝刊に掲載される文章量は文庫本１冊相当という話を聞いたことがあります。忙しい経理パーソンが，出勤前にすべて目を通すのは現実的ではありません。ここで，あらかじめ決めておいた「自分は何を見るか，どんな情報を取るか」という視点が役立ちます。

具体的には，**記事の見出しだけを見てパッと「目を通す記事」を選びます**。私の場合は，もし時間がなかったら記事の選定だけ先に行い，読むのは後回しにします。紙媒体で読んでいるなら，付箋を貼ったり記事を切り抜いたりできるので便利です。すきま時間で目を通すことができます。

電子版を利用しているなら，**キーワード登録**がおすすめです。登録キーワードを含む記事が自動収集されて表示されるので，自分でわざわざ取捨選択しに行く手間がなくなるからです。自分の会社名，業界名，ライバル会社の名前などを登録しておけば，自社・業界・競合の情報が漏れなく入手できます。これは紙の新聞にはないメリットです。

経理パーソン流の読み方もある

一般的な情報収集に加えて，経理ならではの目的もあります。それは自社について「**どの情報がどの程度公開されているのか**」を確認することです。

多くの経理パーソンは，経営上重要な秘密情報について，他の社員と比べるとかなり早い段階から入手できる立場にいます。インサイダー取引の対象となる重要な情報を目にすることもあるでしょう。

あまりに日常的に重要情報に触れていると，無意識に公開情報と勘違いするミスが出やすくなります。機密をうっかり話してしまっては大きな問題です。社外に対してはもちろん，社内の従業員に対してもまだオープンになっていない情報もあります。しかし『日経』に書かれていた情報なら，基本的に問題はないでしょう。紙面に掲載されたものはほとんどの場合，会社が公表したものだからです。

新聞報道後に自社のニュースを知る人もいます。私の経験でも，とある大手企業の人事制度導入の記事が『日経』に出ていたのでその話を当該会社の部長にしたところ，まったく知らなかったことがありました。大きなリストラや合併情報なども，新聞報道で初めて知るケースは珍しくないでしょう。

さらに，自社について**「一般のビジネスパーソンにどのような言葉で伝えたらいいのか」**を理解するにも便利なツールです。

社内にいると毎日業界用語や慣習に触れているため，一般ビジネスパーソンの理解度がわからなくなることがあります。しかし『日経』は，特定業界に偏らず一般向けに記事が作られるため，常にわかりやすい表現を選んで書かれています。この「書き方」がとても参考になるのです。

例えば，私が以前在籍したウォルト・ディズニーグループは，いつも『日経』で「米メディア企業」と紹介されています。

日本では，「ディズニー」という言葉だけでは，舞浜にあるディズニーランドを想起したり，映画制作が真っ先に浮かんだり，事業が多岐にわたるため人によってイメージがバラバラになってしまうでしょう。そこを「米メディア企業」とまとめた『日経』のセンスは確かだと思います。テレビ，映画，ネットと広くメディアを持っているのでこの表現がピッタリです。私自身は小売部門を担当していたため，どうしても小売業中心に考えてしまいがちです。しかし，世の中からの見え方は「米メディア企業」であり，こう説明するのが一番しっくり来るということです。

自分の見方は，つい担当範囲にとらわれてしまいます。一般にはどのように表現されるのか，ぜひ『日経』を通じて理解しておくといいでしょう。事業内容やニュースについても，限られた紙面で最も適切な表現が選ばれています。開示書類の作成で「自社をどう説明しようか」と迷ったときや，社外の人に事業を説明したいときにとても役立ちます。

自分に合ったメディアを選ぶという手も

一般のビジネスニュースを仕入れるために『日経』ではないニュースサイトを使う方もいます。特に『News Picks』というサービスは若手から中堅層のビジネスパーソンの利用が多く，経済やビジネスに関する情報を多くカバーしています。利用者が付けたコメントを通じて周囲の反応が一覧できるのも利点です。そのニュースが世間でどう見られているのかよくわかります。

やはり経理の立場でも，社外の一般ニュースは欠かせません。1つでもいいので，自分のスタイルに合ったビジネス情報源を持ってください。

まとめ

日経新聞を通じて，自社の見られ方を確認しよう。

3 業界新聞で情報と「社内アピール」を同時に手に入れる

『日経』が広く情報を集めるための媒体だとすれば，深く集めるための媒体が，業界新聞などの業界紙です。

業界新聞は業界に特化した優れた情報源として使える

業界新聞というのは，金融業や繊維業，飲食業などその業界に特化して発行される新聞を指します。日刊でなく週数回という発行形態をとることもあります。『日経』には出てこない，その業界に関する細かい情報までカバーされているのが特徴です。

業界や競合について知りたいなら，業界新聞を活用するのも１つの方法です。すでに業界情報が集約されていて自分で選ぶ手間が省けるからです。ただし，ある程度の業界知識がついてから読むほうがいいでしょう。業界新聞は業界のプロフェッショナルが欲しい情報を扱っているため，初心者にはそもそも情報の前提がわからないことがあります。

多くの場合，業界新聞は会社が経費を使って購読しています。営業など事業部門で取っていることがほとんどで，経理で購読している話は聞いたことがありません。もし，みなさんのような経理パーソンが読みたいと思ったら，その部門に借りに行く必要があります。

手間がかかりそうですが，むしろこの手間はメリットを生みます。なぜなら，この手間を使って部門の人と親しくなったり，自分をアピールしたりするチャンスを作れるからです。

情報収集だけでなく社内でのアピールにも効果的

事業部門から見ると，経理パーソンは一般的に自社の事業に興味がないと思われがちです。そのイメージに反して「業界新聞を読みたい」「事業について詳しく知りたい」と言われたら，「この人はやる気があるな」と感じてくれます。読んでわからないことがあれば，その場で教えてくれるかもしれません。

このメリットを活かすためにも部門へは継続的に足を運び，借りて読むことを続けてください。1～2回で終わってしまうと「やっぱり事業のことを重視していないな」と思われて逆効果です。

こまめに借りる必要はなく，毎月1カ月分を借りて読み，返しに行く形でもいいでしょう。経理パーソンにとっては業界新聞は大まかな潮流を知るツールなので，タイムリーに読まなくてもいいと考えます。

貴重な情報は部門内で共有しよう

入手した情報をどうするかも大事です。すでにお話したとおり，「これは」と思った情報は周囲にも共有しましょう。そうすれば部門として情報を活用できますし，あなたの評価も上がります。

業界新聞を定期的に読み続けるためには，その活動を自分自身の評価項目に入れておくのもおすすめです。そうすれば強制力が働くからです。

ただし，目標設定の仕方には気をつけてください。「業界新聞を読む」というだけでは上司の目からすると不十分です。なぜなら，それがどんな効果があるのかが具体的に見えず，また達成が容易と考えられるためです。もう一歩進めて「業界新聞を読んで得た情報を部門内に共有し，経理部門全体の事業知識向上につなげる」という目標にするとよいでしょう。効果と周囲への貢献を明示するのです。

「業界新聞を読む」という行いも，工夫すれば単なる情報収集だけではなく人脈作りや自分への評価向上，周囲への貢献なども同時に達成できます。忙しい経理パーソンは，一粒で何度もおいしい方法をぜひ取り入れるようにしてください。

まとめ

> 業界新聞で，情報を抽出する手間を省こう。

4 経理パーソンにすすめたい経済番組とその理由

一般ビジネス情報を得るのに役に立つのは新聞だけではありません。テレビ番組も使い方によってはとても効果があります。

テレビ番組は新聞以上に見せ方が工夫されています。視聴者が飽きないように，出てくる図ひとつとってもわかりやすさが重視されます。また，動く映像の効果として，映っている人や場所の雰囲気がリアルに伝わってきます。これらが内勤の多い経理パーソンにとって非常にいい情報源になるのです。

最近はいろいろな番組で会社のオフィスが紹介されます。会社によっては固定席を設けず，フリーアドレス制で毎日席が変わるシステムを導入しているところもあります。以前は，業務の性質上，保管する資料などの量が多い経理部門はフリーアドレスの対象外となることも多かったのですが，最近は扱いが変わってきているようです。フリーアドレス以外にも，充実した社員食堂や畳の会議室を備えているなど，一風変わった職場もよく見かけます。

テレビ番組でわかる会社の社風

オフィスの作りは表面的なことに思えますが，実は会社の風土や考え方を反映しています。

例えば，役員も含めてフリーアドレスにしている会社は「上下の区別なしに風通しのいい環境にしよう」という考えを持っています。フリーアドレス制なのに役員室が残っている会社は，それほど自由度が高くないのかもしれません。

私がいつも興味深くチェックするのが会議室の風景です。ホワイトボードの大きさや壁がガラスかどうか，電話会議用の設備があるのかなど，画面を通じてその会社の仕事の進め方に触れることができるからです。数秒映っただけでも画面からは意外と多くの情報が得られるものです。

自社が出る場合には必ずチェックする

自社がテレビ番組に出る場合は，必ず見てください。新聞と同様に自社のことを改めて理解するきっかけになり，「一般向けにどのように説明すればわかりやすいのか」もわかります。見たことがない社長室が映るかもしれません。広報から放映の情報が放送前に共有されると思いますので，ぜひ見逃さないようにしましょう。

日本マクドナルド時代，当時のトップの原田泳幸さんが出演するテレビ番組は欠かさずチェックしていました。特に彼が受ける質問を見て「自社が世間ではどう捉えられているのか」を知ることができました。一般に，会社の注目度が下がったり，不祥事が起こったりするとテレビ出演は減る傾向にあります。テレビ出演があるかどうか自体も重要な情報といえます。

業界や競合の情報もテレビで入手する

テレビ放映される競合企業や業界の話も押さえておくといいでしょう。こちらはいつ登場するのかを毎日テレビ欄でチェックするのは面倒なので，私はあらかじめ複数の経済番組を毎週予約でハードディスクに録画しています。録画一覧のタイトルをもとに，必要な回だけ見るというやり方です。こうすれば見過ごすこともなく，手間も最小限で済みます。

テレビ東京系列は日本経済新聞社とつながりが深いだけあって，やはり経済番組が充実しています。『ガイアの夜明け』では比較的新しい時事ネタを扱います。経済ニュースを伝える『ワールドビジネスサテライト』も有名ですが，平日毎日の放送ゆえ見られるときに見る程度でいいかもしれません。ただし，継続して視聴できれば，かなり情報量は増えるでしょう。

私の一番のおすすめ番組は，TBS系列で日曜朝７時半から放映されている『がっちりマンデー！！』です。面白いビジネスモデルが紹介されることが多いのですが，収益構造や数字も合わせて解説してくれるので，経理パーソンにはうってつけの番組だと思います。

職業ドラマも楽しみながら知識を増やせます。例えば，NHKドラマ10『これは経費で落ちません！』(2019年７月～９月。原作は青木祐子さんの同名小説）は経理部門を舞台にしたドラマでした。こういったドラマを見ていると自分の仕事を見直すきっかけにもなり，「苦労する点はうちと同じだな」と気晴らしにもなります。医師や刑事，弁護士という職業と違って，経理パーソンを主役にしたドラマはこれまでは少なかったので，ドラマになること自体，世の中での位置づけが変わってきたということなのかなと感じました。

ある年齢以上の人にとっては，まだネットよりテレビのほうが馴染み深いものです。自社製品について「テレビで見たことがあります」と言われたときに話を広げられると，相手は好印象を持ってくれます。テレビの特性を利用して，自分の情報量の拡大に役立ててください。

まとめ

テレビの見やすさ・わかりやすさを活用しよう。

5 自社ホームページをあえて見る

新聞やテレビ番組といった外部の情報源だけではなく，あえて自社ホームページを見るのも大事な情報収集です。プレスリリースや新着情報は定期的にチェックしてください。

社内情報は基本的にはイントラネットやメールで送られてくるため，わざわざ自社のホームページを見に行く人は少ないかもしれません。実は，これが盲点なのです。なぜなら，**ホームページには社内で共有されていない情報も載っていることが多い**からです。

あえて自社ホームページを見るメリット

例えば新商品の情報というのは，意外に社内で共有されないものです。当然売上に影響するのでどんなものか知りたければ，社内向けの資料より社外に向けた自社ホームページ上のプレスリリースを確認するといいでしょう。

新商品の特徴や販売期間などの情報が写真つきでわかりやすく，１～２ページ程度のコンパクトな分量でまとまっています。もし社内資料で新商品を検索すると，コストや調達先なども含めた数十ページにわたる資料が出てくるでしょう。概要を知る程度であれば自社のホームページはとても効率的な情報源です。

何か知りたいときに見るとか，月１回はプレスリリースや新着情報の欄だけ見る，というチェックの仕方でも新たな発見があるはずです。

他社のホームページは採用情報を見よう

同じ理由でおすすめなのは，採用情報ページです。得意先の会社の規模や主な商品を知りたい場合，その会社ホームページを見ると思います。しかし，会社概要に従業員数を載せない会社も多くあります。また，事業内容を見ても抽象的な言葉が並んで，素人には何の説明かわからないこともザラです。

このようなとき，求職者向けの採用情報ページを見るといいでしょう。学生向けのものは特におすすめです。ここには当然，会社概要や事業紹介が含まれています。事前情報や業界知識が少ない学生向けに書かれたものなのでとてもわかりやすく，また応募してもらえるよう特長を前面に出しています。自社製品が使われているシーン紹介を見ると，サプライチェーンの全体像の理解にもつながります。

まとめ

自社ホームページの新着情報で，漏れなく情報を得よう。

6 異業種交流会は「経理限定」を選ぶ

社外には，セミナー以外でも自分が出向いて手に入れることができる情報があります。上手に利用すると濃い情報を得られるのが「交流会」です。社外の人たちに実際に会い，ビジネスパーソンとしての自分の位置を相対的に確認できます。

異業種交流会の一種として，最近は職種ごとの交流会を見かけるようになりました。管理部門限定と銘打って人事や総務の人たちが広く参加する会もありますが，おすすめはやはり対象を経理部門に限定した会です。なぜなら参加者同士の共通点が多く，役に立つ情報を集めやすいからです。似た仕事をしているため言葉や状況が通じやすいのも利点です。

気になる具体的な情報を集めよう

この場で得られる情報には，２種類あります。

１つは**具体的な業務の話**です。最近よく聞かれるのは「RPAをやっているかどうか」です。「うちは導入しましたよ」「うちはまだ知らない人も多くて」というさまざまな回答を聞いていくと実際の浸透具合が見えてくるでしょう。これらは業務そのものにすぐ活かせる情報です。

もう１つは，どのような仕事やキャリアや働き方があるのかという**経理パーソン個人の話**です。こちらは中期的に役に立つものです。相手がどのようないきさつで今の業務についているのか，スキルアップのために何をしているのか聞くのもよいと思います。

自分のネットワーク作りのきっかけに

交流会の参加メリットとしてさらに挙げられるのは，気さくに情報交換できる優秀な経理パーソンと知り合えることです。

その場だけの付き合いになってしまう人がほとんどですが，気の合う人を見つけるとその後も情報交換できます。社外に２～３人いれば，社内とは違う知識ルートとしてとても助けになります。交流会はこういった「今後も付き合える人を見つける場」と割り切ってもよいくらいです。

以前会ったことがある気の合う人が１名でもいたら，その人に誰か紹介してもらうのもおすすめです。気の合う人の知り合いはやはり相性がいいものです。

まったくの初対面の人に名刺交換して回る方法もありますが，あまり効率的ではありません。私の場合は，交流会では，自分の知り合いに知り合いを紹介してもらい，その人たちとある程度話したらサッと帰ることがほとんどです。話す中で「これは」という人がいれば後日ランチの約束をします。FacebookなどのSNSをやっているなら，友達の申請をしておくと後日気軽に連絡が取りやすくなるかもしれません。

いろいろなイベントをチェックしよう

交流会は，個人が幹事を務めていることもあります。その場合はFacebookのイベントページやサイトを使って募集をしているので，そういう情報がないかこまめにチェックするのもいいでしょう。

併せて，会社経由の公式なイベントへ参加するのもいいと思います。セミナーの後に懇親会があるセミナーはそこで親交を深められますし，ディスカッション形式のセミナーなら参加者の個性や考え方が垣間見えます。終日同じグループで議論すると気が合いそうな人がわかるもので，そのご縁をうまく活かすのです。

日本CFO協会や地元の法人会などでもいろいろなイベントやセミナーを開催しているので，それももちろん活用できます。税務研究会の「企業懇話会」のような会員制の組織もあります。これらは参加する企業が似通っているので，参加者同士も話が通じやすいはずです。会社負担で参加すれば個人として費用をかけずに済みます。

経理に特化した交流会は，当日のやり取りで欲しい情報を得つつ，社外でも長く付き合える仲間を見つける機会にしましょう。

まとめ

交流会を通じて，情報集めとネットワーク作りをしよう。

7 名刺をもとに「自己アピール」の練習をしよう

交流会でうまくコミュニケーションするために，名刺交換をフルに活用してください。大事なのは「自分のことをわかりやすく紹介する」「相手から情報を引き出す」の２点です。

自己紹介を工夫する

自己紹介で「○○社の経理の○○です」といって終わってしまう方がいますが，これはとてももったいないと思います。なぜなら，社名は名刺を見れば伝わる情報であり，経理の交流会ではみんな「経理の○○さん」が共通項だからです。

経理パーソンという共通項から，もう一段階踏み込んで自分を特定できる項目を考えてみてください。経理の中でどのような業務を担当しているのか，今の会社が長いのか，なども個人的で関心を引きやすい情報です。最近は転職経験がなくても転職に興味がある人が増えているため，効果的な話のきっかけになります。

自己紹介には相手が気にしそうな会話の「フック」を１つか２つ入れるといいでしょう。相手が質問したくなり，結果として会話が弾みます。会話が弾まないのは両方に責任があるものですが，まず自分が自己開示しないと相手も遠慮してしまいます。

自分から話すのが苦手という方は，自己紹介の効果的な形を作っておくと相手が質問してくれるので楽になります。これまでの自己紹介でウケがよかった項目，珍しい経歴など，その都度試してみてブラッシュアップするといいと思います。

自分に興味を持ってもらうためのコツ

社名を告げる必要性が低いもう１つの理由は，社名だけでは多くの場合，相手はその会社を知らないからです。日本には会社が約400万社あり，Ｂ to Ｂの事業会社だとかなり大きな規模でも一般には社名が知られていないケースがほとんどです。社名という固有名詞に代わって「お菓子の製造機械の会社です」「○○というサービスを運営している会社です」といった具合に，知っているであろう業界や商品を使って説明する工夫があるといいでしょう。

業務内容についても同様です。部門名だけでは何をやっている部門か伝わらないことがよくあります。税務，管理会計，子会社管理などわかりやすい一般名称に変えて説明するようにしましょう。

自社特有の言葉をわかりやすく翻訳する能力は，鍛えておくと転職時にとても役に立ちます。自分がどんな仕事をしてきたのか，どんな実績を持つのか，幅広い相手に説明できるようになるからです。どんな言葉で説明すれば相手は理解できるのか，どんな言葉がわかりづらいのか，交流会などの場を活用して実地で経験を積んでおきましょう。

名刺交換後の話を弾ませるには

相手に対する質問力も重要です。相手の自己紹介の内容次第では，何を質問したらいいか思いつかないかもしれません。こんなときに頼りになるのが名刺です。受け取った名刺の情報を見て，わからないことや興味を持ったことを聞くといいと思います。

私がよく尋ねるパターンは「所属している部門の業務範囲」と「人数」です。会社によって経理業務の区分はさまざまですが，具体的な質問なので大体教えてもらえます。「決算の伝票処理まで」を担う仕事なのか「税務に関する項目だけ」を担当しているのか，ただ部門名を聞くより多くの情報が得られるでしょう。経験の浅い人でも，自分の部門内容と人数は答えられるものです。相手に恥をかかせなくて済みます。

人数からも推測できることはたくさんあります。もし「決算業務全般を４人でやっています」という回答が相手から返ってきたら，みなさんはどんな連想をするでしょうか。

「うちよりも会社の規模が大きいはずなのにどうやって？」と思ったあなたは「少数精鋭なんですね，すごいですね。以前からずっとそうですか？」と続けて聞くことができます。すると「実は業務の一部を昨年から外部委託したんです」と応えてもらえるなど，話を弾ませつつ情報を得ることができるのです。

勤続年数も具体的で答えやすく，会話が発展しやすい質問です。やはり誰でも人間なので，相手が名刺をじっと見てくれたり熱心に質問されたりすれば悪い気はしないものです。人に関心を持つ練習にもなります。名刺交換は，単なる紙片のやり取りではありません。載っている情報をもとにプレゼンテーションの勉強にもなるのです。

まとめ

自己紹介を通じて，自分の特徴を伝えられるようにしよう。

第7章

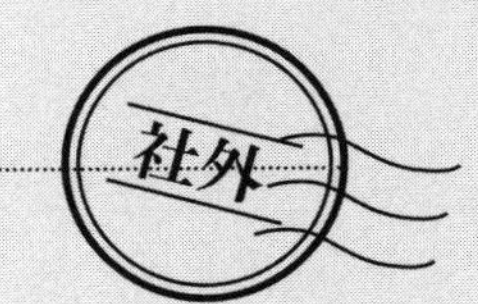

資格を実務に120%活かすには

自分のスキルアップの基準として，資格取得を目標にしている経理パーソンは多いと思います。しかし，闇雲に取得するのは得策ではありません。採用担当経験者としての目線から，キャリアに役立つ資格とそうでない資格について紹介します。

1 簿記２級は免許証，簿記３級はなくてもいい

経理関連の資格というと，日本商工会議所および各地商工会議所が実施している「日商簿記検定」がとても有名です。経理パーソンは早い段階で簿記２級をぜひ取得しましょう。

経理パーソンの免許証，簿記２級

簿記２級は，経理の「運転免許証」のようなものです。この「運転免許証」は，経理の世界では身分証明書の意味合いも持ちます。**簿記２級を取得した事実は「経理業務について相応の知識がある」と伝えると同時に，「数カ月程度の学習を継続してやり遂げた」ことも伝えます。**経理業務では調べものをする機会が多いのですが，簿記２級は，自分で文章を読んで答えを導けるという印象も与えてくれます。

しかし，残念ながら，簿記２級の試験に向けて学ぶ知識のすべてが実務で役に立つわけではありません。簿記２級の試験は商業簿記と工業簿記の大きく２つから構成されますが，製造業以外の業種では工業簿記はあまり使いません。せっかく等級別総合原価計算と組別総合原価計算の計算方法を身につけても，実際に仕事で使う人は100人に１人もいないのではないでしょうか。また，商業簿記には実際の業務では使われない項目も含まれています。感覚的には簿記２級の内容のうち実務に直結するのは３分の１程度でしょうか。

とはいえ，前述の効果が期待できることと，他に代わりになる資格がないことを考えると，現状では簿記２級取得がベストだといえます。

学習プロセスの難易度とボリュームから，効率よく学びたい人は専門学校の講座を取るのもいいと思います。今は公認会計士の私も，簿

記２級は一度落ちました。多忙な経理パーソンにとっては時間を買う意味でも，最短距離を狙うのが得策だと思います。

簿記３級では足りない理由

日商簿記検定には３級もあります。しかし，経理を仕事とする経理パーソンにとっては，簿記３級ではやはり不十分です。

会社によっては新入社員全員に入社前の課題として簿記３級を取得させます。日本マクドナルドの創業者である藤田田さんはすべての店長を経営者とみなし，簿記３級の取得を義務づけていたという話を聞いたことがあります。簿記３級は，一般のビジネスパーソンとしては会計の基礎知識がわかる証明になります。しかし経理はこれを専門とする仕事です。簿記３級レベルの知識では足りません。

経理職への応募者の中には，履歴書や職務経歴書保有資格欄に簿記３級を記載する人がいます。事実なので書いたのだと思いますが，採用担当者の立場からすると少し不安です。なぜなら「簿記３級の知識で実務が回せると思っているのかもしれない」または「相手が求めていることが理解できていないのかもしれない」と連想するからです。

求人票では，必須条件として簿記資格が挙げられていないことも多いです。それでも簿記２級は必須と考えておきましょう。裏を返せば，簿記２級の資格とメジャーな会計システムの操作経験がある人材は，経理としての最低限の条件をクリアしているといえます。書類選考でも有利なのです。

未取得の人は，ぜひ必須資格として簿記２級を取得しましょう。

まとめ

> 簿記２級の資格をぜひ取得しよう。

2 経理のプロになるなら財務諸表論を

もし経理パーソンとして経理業務を長く続けたいのであれば「財務諸表論」の勉強をおすすめします。「財務諸表論」とは，いわば会計の世界の憲法のようなものです。

実は経理パーソンでも「財務諸表論」を知らない人はたくさんいます。実務に密接な「簿記論」は広く普及しているのですが，その前提となる理論を体系的にまとめた「財務諸表論」はあまりにも認知度が低い状態です。まずは「会計にも憲法のようなものがある」と認識することから始めてもいいと思います。

財務諸表論は軽く押さえるだけでも役に立つ

日本で見聞きする会計基準は主に「日本基準／米国基準／IFRS（国際財務報告基準）」の３つです。「のれんを償却するかしないかの違いがある」という話を聞いたことがある方もいると思います。「財務諸表論」の考え方は万国共通で，採用する会計基準が何であっても役に立つのです。

他の会計基準を勉強したいと思ったときにも，「財務諸表論」の知識があれば，「どこが違うのか，それはなぜなのか」という各会計基準の本質を理解しやすくなります。それゆえ税理士や公認会計士の国家試験では「簿記論」に加えて「財務諸表論」は必須科目になっています。会計のプロフェッショナルとして会計世界の憲法の知識は不可欠ということなのです。

税理士や公認会計士の資格取得を目指す場合は，解答用紙を長文で埋めなくてはいけないので，かなり深い理解が必要になります。しかし資格取得が目標ではない一般の経理パーソンの場合は，それほど時間をかけて勉強しなくても大丈夫です。

一般の経理パーソンの学習目的は，会計基準をよりよく理解することなので，考え方を理解するレベルで問題ありません。「財務諸表論」はとても理論的な分野なので，大学の授業で使われるような学術的な書籍のうち薄めのものを選べばOKです。それほど範囲が広い分野ではないので，比較的短い時間でもひととおり習得できます。

財務諸表論を学べば業務の効率化にもつながる

経理パーソンが「財務諸表論」の知識を得るメリットは，会計処理の検討がスムーズに進められるようになることです。会計基準に出ていないような事象に出くわしたとき，その条文の趣旨を踏まえて実質的に判断する場合があります。このときに趣旨を正しく踏まえるためには「財務諸表論」の考え方が必要になるのです。

日本でも導入する会社が少しずつ増えてきたIFRS基準は「原則主義」と呼ばれ，各社の実態を正しく把握し，それに見合った会計処理を会社自身が決定します。これまでの細則主義のように，数値基準を含む細かいルールに基づいて「自動的」に決まるものとは性格が異なります。「財務諸表論」を理解していることが，これまで以上に効果的になるはずです。

海外展開する会社では重要性は高い

国内だけでなく海外でも事業を展開する会社も増えています。海外子会社の担当者が，日本にある本社の経理パーソンに「なぜこの会計処理をするのか？」と聞いたところ納得いく説明が得られず，がっかりしたという話を聞いたことがあります。これはまさに「財務諸表論」の知識と理解が不足していることが理由です。

日本と違い，海外には公認会計士資格を持つ経理パーソンが多くいます。アメリカには30万人ものUSCPA（米国公認会計士）がいるそうで，これは日本の公認会計士の数の約10倍です。人口比で考えてもアメリカの会計士の人数は多く，経理の現場でも資格を持つ人たちが多数働いていることを示しています。

彼らは「財務諸表論」を勉強してきた人たちなので，その前提で質問します。それに答えられないと本社の担当者として信頼を失う結果になりかねません。IFRSやグローバル化の動きに順応したい人，中長期的に経理パーソンのキャリアを築きたい人は，ぜひ「財務諸表論」を学んでください。

まとめ

財務諸表論を勉強して，さらに上を目指そう。

3 IT資格があれば，業務プロセスの構築に効果的

経理パーソンが持っていると有利になる資格には，IT関連のものも含まれます。すべての処理を紙の帳簿に手書きで行っている経理業務は，もう皆無に近いのではないでしょうか。少なくともExcelは利用し，大きな会社であれば基幹システムを構築してPC上でデータを処理しているはずです。

ツールとしてのITの存在が不可欠な今だからこそ，専門的な経理知識だけでなく，ITについても知見があると他の経理パーソンより評価を高められます。

日常業務のツールであるマイクロソフト社の製品から攻略する

IT資格で最もおすすめなのは，マイクロソフト社が認定している「Microsoft Office Specialist（MOS）」です。Word，Excelなどのアプリケーションの利用スキルを証明する資格で，「スペシャリスト／エキスパート」の２つのレベルがあります。まず，Excelのスペシャリストレベルを目標に勉強しましょう。

多くの会社ではExcelを多用して業務を行うため，Excelスキル次第で作業効率は大きく変わります。MOS資格は日常ですぐ使えるスキルを網羅的に身につけるのに最適な資格です。会社のメールソフトがOutlookであれば，OutlookのMOS資格をとるのもいいでしょう。

関係者への連絡手段としてメールを使う会社も多く，経理にとってはExcelとメールは使用頻度の高い２大ソフトウェアといえます。合格を目標にすると，受験料（１万円程度）を無駄にしたくないという気持ちゆえに，より本気で学べるのではないでしょうか。MOSの受

験はPCで実際に操作する実技形式です。

「我流ながらWordでもExcelでも大体作業はこなしているので問題ない」と思う方もいるかもしれません。あまりに日常で使い慣れたツールであるほど，あえて勉強する気にならないのもわかります。しかし，日常で使う頻度が高ければ高いほど，正しいスキルと手順を取り入れることができれば効率化の効果も大きいのです。

ITを売りにしたいのであればエンジニアの基礎資格も有効

もっと本格的にITを勉強したい方には「基本情報技術者試験」がいいでしょう。ITエンジニアを目指す人もまずここから，というSE資格の基礎編に当たる国家試験です。

経理パーソンが会計システムの導入や開発に関わる機会は比較的多いものですが，実際にプログラムを組むことはほぼないと思います。それでも，試験勉強を通じてプログラミングを少し学んでおくと，要件定義のヒアリングを受ける際などに，大いに役立ちます。

要件定義とは，システムの設計の条件を決めるプロセスをいい，この内容次第でシステムの使い勝手は大きく変わります。プログラミングを学んでいると，経理部門の要望をシステム関係者にわかる言葉にうまく伝えられるようになります。自分たちにとって使いやすいシステムを構築することにつながります。

私の経験からすると，システム開発のヒアリングを受けても相手が経理部門の要望を理解してくれる割合は3割程度です。相手は会計や経理処理の手順を知らないので，それをカバーしようと長い時間をかけてヒアリングしますが，その分，経理パーソンの対応時間が増えたり，システム開発のコストが上がったりします。もし，ここで私たち経理パーソンがシステム用語を使ってうまく伝えられれば，その歩留まりを上げることができます。

例えばシステム内のデータベースについても，テーブルの知識があれば「ここのパラメーターを変えれば対応できると思う」と経理部門にとって負担の少ない解決策を構築できます。相手にとっても理解しやすく，同時に，この人はシステムをわかっていると一目置かれるはずです。

開発の難易度も想像がつくようになるので，「これは簡単にできますよね？」と要望を強く押せるようになります。海外旅行に行ってその国の言葉がわかれば有利に値段を交渉できるのと同じで，システム業界の言葉がわかれば自分に望ましい結果を求めて交渉できるのです。

今後，RPAの資格が出てきたら取得するのもいいでしょう。主流のRPAソフトに対応した資格であれば，さらにいいと思います。

時代が求めるのは強みが２つある人材

人材育成の分野では，以前よく「Ｔ型人材になろう」といわれていました。一般ビジネスパーソンとしての教養を広く浅く横軸として身につけながら，自分の専門性を深く突き詰めるという意味です。経理パーソンなら普通に社会人としてのマナーや常識，自社知識を身につけながら，経理としての専門性を磨き深めていくことを意味します。

最近はそれが変化して「π型人材になろう」といわれます。**深く掘り下げる専門を２つ持つ，つまり経理としての専門性以外に，もう１本足があるほうが安定する**というのです。

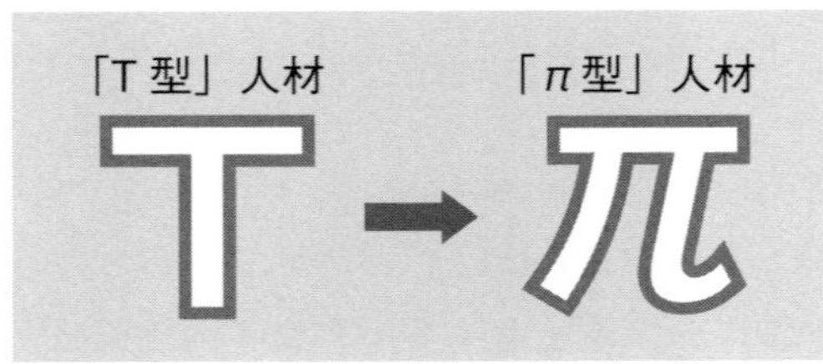

経理職の派遣社員の求人は簿記２級が必須条件でしたが，最近は「＋英語」や「＋IT」が求められていると聞きます。まさにπ型のキャリアづくりの必要性が高まっているのを感じます。

このもう１本の足として個人的におすすめするのはIT関連の知識です。経理パーソンにはITに苦手意識を持つ人も多いので，「わかる」というレベルでも差別化が期待できます。

もちろん，２本目の足がIT関連以外でも構いません。自分の好きなことでもいいでしょう。私は小売業を見ているのが楽しかったので，「多店舗展開」を自分のテーマにして経理をやってきました。その視点や経験はもう１本の足となり，公認会計士という足とともに今の仕事にも役立っています。

まとめ

業務の効率化のために，ITの知識を身につけよう。

4 人事または法務の知識は経理と掛け合わせしやすい

経理パーソンが見逃しがちだけれど実は役に立つものに，人事や法務に関連する知識があります。経理との相性がよく，「π型人材」のもう１本の足の候補としても最適です。

なぜ人事や法務の知識が役に立つのか

経理の業務は「正確さと速さ」が大事という話はすでにしました。もし給与計算の仕訳の正しさを確認したければ，社会保険の知識が必要になります。具体的には，自社の保険料率や保険料の徴収の流れと照らし合わせて正しいかどうかを判断しなければいけません。

また，多くの株主がいる会社では，大規模な株主総会を開催するため，経理もその準備作業に関わります。いつまでにどのような書類を作り，誰が確認する，というスケジュールを守るためには「会社法」の知識が必要になります。

普段はあまり意識しないかもしれませんが，経理の仕事は人事や法務と密接に関わっているため，正しく進めるにはその分野の知識が求められます。知らなければその都度調べたり，該当部門の人に聞いたりしなければいけません。

しかし，これらの部門の担当者に確認しても「必ず正しい答えが得られるとは限らない」のが難しいところです。経理部門でもお互い様なのですが，聞いた相手の知識が少ないために間違った内容を教えられたり，経理部門が求める答えではなかったりということもあります。その結果，私たちの業務に手戻りが発生するのはつらいものです。

そこで，頻度の高い業務に関しては最低限の知識を身につけられれば，自分自身の業務を守ることになります。ただ，現実には経理パーソンの中で人事や法務にも詳しい人はあまりいません。だからこそ，知識を持っている人は重宝されます。小規模な会社では兼務するケースもあるでしょう。そのときは「経理ではないから」と毛嫌いせずに積極的に知識を蓄えると，後々まで役に立ちます。

人事や法務の知識はこう身につける

法務の知識をざっくり手に入れたいとき，便利なのは資格の専門学校が出している一般書籍です。ビジネス実務法務検定２級について「これ１冊で合格」と謳ったテキストを１冊買って手元に置いておきましょう。専門学校の講師が書いた本は，資格勉強を始めた人向けにわかりやすい言葉やビジュアルで書かれ，内容も正確です。講座を受講すると数万円かかりますが，書籍は3,000円ほどで売られているのでコストパフォーマンスはとても高いです。

このような書籍もすべてを理解しなくて大丈夫です。わからないことに出会ったときに参照する辞書本として使う程度でもいいでしょう。

人事の知識なら，社会保険労務士資格を目指す人たちに向けたテキストがおすすめです。ビジネス実務法務検定のテキストと同じように，社会保険に関する内容がコンパクトに初心者向けにわかりやすく書かれているからです。

資格取得までは必要ありませんが，学習教材はとても有用です。経理＋αの知識として取り入れてみてください。

まとめ

人事や法務といった経理の「となり」の知識も持とう。

5 採用経験者が語る「経理に不要な資格」

より高度で難しい資格を持っていれば自分のキャリアアップにつながると考える人は少なくないでしょう。経理パーソンも例外ではありません。

経理パーソンが資格取得を考えるとき，必ずといっていいほど候補に挙がるのは，公認会計士や税理士の資格です。会計資格として認知度が高く，取得後は独立も望めるため，常に人気です。しかし，会社に所属する経理パーソンとして仕事を続けるのであれば，慎重に検討する必要があります。かけた労力・時間・費用にメリットが見合わない可能性が高いためです。確かに資格を取得すればビジネスパーソンとして箔はつきますが，それ以上の効果がなかなか見込めないのが実状といえます。

難関資格をとっても活用の機会は意外に少ない

実際の経理実務において，これらの資格勉強が生かされる頻度はそれほど高くないことを認識してください。日頃の業務はルーティンで回すものが大半なので，専門知識を駆使して判断するという場面は限られます。

また，資格を持っているとかえって採用されにくい側面もあります。採用者に「オーバースペックだから」と警戒されてしまうのです。上司の立場からすれば「資格を持った人に細かい作業をお願いしていいのか」と考えるようです。

資格ではなく知識を身につけたいなら，すでに紹介した簿記２級と「財務諸表論」の組み合わせがいいと思います。日々の実務はこの２

分野の学習でカバーできます。税理士試験や公認会計士試験で求められるこれ以外の科目は，細かい「税法」や「会社法」などで，実務で使う頻度は比較的低い部分です。

丸ごと資格を取ろうと考えるのではなく，欲しい情報は何か，活用できる分野はどこかを明確にして，一番おいしいところだけ「つまみ食い」しましょう。そうすることで，コストパフォーマンスを高くできます。

経理パーソンにとってのMBA（経営学修士）も，実務との兼ね合いで役立つかどうか慎重に検討しなければいけない資格です。経営や独立に興味がある人，社内で幹部になりたい人ならMBAでの学びは役に立つと思います。しかし明確な目的がない場合に目指すなら，税理士や公認会計士と同様にコストパフォーマンスが悪い資格といえます。

実務に活かしやすくアピールにもなる資格はこれ

簿記２級を取得し「財務諸表論」も勉強した，さらに何か勉強したいという人には，日本CFO協会の「経理・財務スキル検定（FASS)」や東京商工会議所の「国際会計検定（BATIC)」をおすすめします。どちらも経理業務との関係性が高く，将来どんな道に進んだとしても経理パーソンなら応用が利くからです。また，内容が細かすぎないことも，学習の負担の観点から実務者向けと思います。

「経理・財務スキル検定（FASS)」は，経理実務の定型的業務に関する試験です。日々行っている業務をちゃんと理解できているのか，理論的に確かめてみたい人は受けてみるとよいでしょう。受験すると，結果についてＡ～Ｅレベルで自分のランクが表示されるため，客観的に自分の実力がわかります。今後の強化ポイントを見つけるきっかけになるでしょう。受験するタイミングとしては，３年ほど実務をこなしてからがいいと思います。実務の試験なので初心者は難しいかもしれません。

国際会計検定（BATIC）は，IFRSという国際会計基準や英文簿記のための試験で，問題や解答も英語です。海外に興味がある，英語が好き，実務で子会社管理を担当，という人に向いています。

これらの学習用テキストも，コンパクトによくまとめられています。手元に置いておくと実務で疑問に思ったときすぐ調べられます。自分がすでに目を通した書籍なら見慣れているので効率的です。

これまで一般の経理パーソンに向けて述べてきましたが，もし大企業の中で専門性が高い仕事に就きたい場合は，専門に見合った資格を勉強する価値があります。例えばグローバル企業で移転価格税制の担当者を募集する場合は，税理士やUSCPAなどの資格，TOEICスコアが応募要件に入っていることが多いです。

資格取得を検討するときは，知識自体が欲しいのか，それとも知識から派生する保証や評価が欲しいのかを冷静に考えてみてください。知識の習得が目的ということなら資格以外の手段を組み合わせたほうが手間と時間を節約できます。自分の大事な時間を有効活用するために，資格取得を決意する前には必ずひと呼吸置いてください。

まとめ

実務で本当に使う資格を優先して取得しよう。

6 資格ホルダーが注意したい，取得資格の見せ方

採用担当者を経験すると，同じ経理パーソンでも保有資格はさまざまで，アピール方法もいろいろだと感じます。たくさん資格を持っているのは確かに長所なのですが，書き方や見せ方には注意が必要です。

持っている資格はすべて書いたほうがいい？

例えば経理パーソンの応募書類で，普通自動車の運転免許を持っていることは書いたほうがいいのでしょうか。工場経理など車利用が前提の職場であれば書いたほうがいいかもしれませんが，一般的には不要です。経理実務にはあまり関係ないからです。

持っているからと，すべてを書く必要はありません。「あえて書かないこと」と「嘘をつくこと」はまた別です。聞かれたら答えればいいだけの話です。それよりも求人票に書かれた文脈を読み取って，どのような資格を求められているのか，何を書くべきかを判断してください。これは，相手のニーズに合わせて情報を選択するプレゼンテーションと同じです。

私の知り合いで資格を40個持っている人がいますが，職務経歴書にすべて書いたらどのような印象を与えるでしょうか。一般に職務経歴書はＡ４用紙に２枚程度がいいとされています。資格名を列挙するとかなりのスペースを取ってしまいます。それほど書く効果があるかといえば，むしろ逆です。

採用者は「この人の本当の興味や強みや何だろう」と思い，列挙する態度から「資格以外に自信がない人」に見えるかもしれません。

ひょっとしたら「仕事そっちのけで勉強したのではないか」と疑念を抱かせる可能性すらあります。

資格が足りなくてもカバーする方法はある

手持ちの資格が応募要件に合致しなくても，諦める必要はありません。考え方や見せ方次第で，実力を相手に知らせることもできるからです。

英語力は一般的に「日常会話レベル／ビジネスレベル／ネイティブレベル」の３つに区分されます。英語力が必要な求人の多くは，求める英語力について「ビジネスレベル」と書いてあります。英語でメールの読み書きができ，簡単なビジネス上の質問や回答ができるレベルです。TOEICのスコアで表示していることも多く，大体700が「ビジネスレベル」の目安とされるようです。

自分のスコアが現在600であれば，スコア情報に加えて業務上で英語を使っている状況を具体的に職務経歴書に書きましょう。おそらく書類審査は突破できます。逆に「スコア600」という記述だけでは，残念ながらふるい落とされる可能性が高いといえます。

採用担当者にとって大事なのは，「業務に支障がないか」です。資格は単なる目安で必須ではありません。資格名や点数にとらわれすぎず，何を求められているのかを考えて，合わせ技で提示しましょう。

期待ギャップを逆手にとるアピールもある

職務経歴書に持っている資格を書くか書かないか迷った場合には，書かずにおくのをおすすめします。迷うのは，必須ではない項目だと薄々わかっているからです。

多めに書くと余計な印象を相手に与えます。それよりも書類審査に通って面接に進んだ際，書かなかった資格に関連する話が出たときに初めて口頭で伝えるほうが好印象です。

面接でありがちなのが「書類では立派なことを書いてあったけど，会ってみるといまいち」というケースです。たとえ素晴らしい応募者だったとしても，つい事前の期待とのギャップが気になってしまいます。

面接の際に使えるネタをあらかじめ残しておき，あまり期待していなかった相手に対して「こんな資格も持っているのか，こんな経験もあるのか」と，よいほうに裏切るのも，テクニックとして有効です。

まとめ

せっかくとった資格は，上手にアピールしよう。

第8章

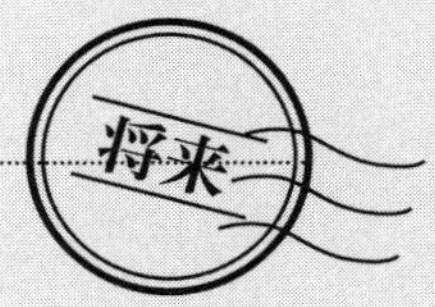

あなたの成長計画に役立つ情報

社内外でスキルを磨いて情報を集めたら，それは自分の将来のためにぜひ活用しましょう。ひとくちに「成長」といってもいろいろな形があります。経理パーソンだから可能な方法，経理パーソンだから有利な方法について，転職の例を絡めながら解説します。

1 自分の成長は自分で叶える

私は，経理業界の人材育成セミナーを，一般社員向けと管理職向けに分けて開催しています。そのアンケートを見ると，ある傾向に気づきます。一般社員のみなさんは，知りたい項目としてスキルや業務への取り組み方，外部ツールの活用，自分育成計画など幅広く挙げます。一方で管理職側は，圧倒的に「OJTについて知りたい」という人が多いのです。

これは2つのことを意味していると考えています。

メンバーのみなさんは，もはや上司に期待せずに主体的に学習・成長していかなくてはいけないと考えていること。そして上司は，メンバーを自分が成長させようと考え，そのためのOJT法を知りたいということです。

上司には期待しないほうがいい

以前は，上司や会社の指導に従っていれば個人の成長につながりました。今の管理職のみなさんも，多くはその方法で育てられてきたに違いありません。しかしそれでも「OJTのやり方を知りたい」というのは，彼らが業務過多で忙しく，自分でやり方を工夫する余裕がないという印象を受けます。以前よりも，上司は忙しいのです。

管理職のみなさんは経理のプロフェッショナルではありますが，人材育成の専門家ではありません。そして，これからの時代の経理パーソン像が描けていないかもしれません。YouTuberやゲーマーが仕事になるという現在よりもさらに進んだ世界で，経理がどのような仕事になっているのか。そのとき必要なスキルは何なのか。現在の管理職の方がこれを想像するのは難しく，アテにしないほうが賢明といえます。

必ずしも上司や会社があなた個人にとって最もいい選択肢を提案できるとは限らない，というのも現実です。人員を削減されて業務を回すので精一杯な現場で，いくらあなたがジョブローテーションを希望してもそれを叶えてもらうのは非常に難しいでしょう。それぞれ事情があるのです。

また，マッチングの問題もあります。プロ野球の世界では，球団によっても新人教育の方法は全然違うといいます。選手の引退後の人生まで考えて，合理的に体を労ることができる練習方法を提示する球団もあれば，今の成果を最大限に引き出すのが上手な球団もあります。

どちらがよく，どちらが悪い，という問題ではありません。大事なのは「自分の希望と合っているか」という点です。球団の例でいえば，息の長い活動を望む選手なら前者，若く力があるうちに成績と名声を手に入れたい選手であれば後者がマッチしているでしょう。

経理パーソンも同じです。上司が個性に合わせて対応してくれた昔とは状況が変わり，アンケート結果が示すように，みなさんは自分自身で主体的に考えなくては成長が望めません。

自分のことを自分で考え始めよう

まず，自分がどうなりたいのかを考えることから始めましょう。「会社の決定に従えばいい」と人任せにしていると，最悪の場合，会社や仕事がなくなることだってあります。人が決めてくれることを期待してはいけませんし，人に決められた進路はどこかで不満が出てきます。

もし「こうなりたい」という方向が見つからないのであれば「こうはなりたくない」という嫌なものを自覚するのもいい方法です。違和感のほうがたぶん見つけやすいのではないでしょうか。消去法で，その逆を目指せばいいのです。

今自分のキャリアステージがどこかを確認するのも大事な観点です。『このまま今の会社にいていいのか？と一度でも思ったら読む　転職の思考法』（北野唯我著，ダイヤモンド社，2018）には「専門，経験，人脈の順に情報を集めることが，転職を含むキャリア形成につながる」という趣旨が書かれていました。私も同感です。やはり順番があります。

初めから人脈を増やそうとする新人もいますが，いくら知り合いを増やしてもその人自身に語れる中身がないと，結局相手にしてもらえません。この３つのうち手元にあるのは何か，次に求めるべき要素はどれか，を考えるのも役に立つと思います。

まとめ

まずは自分の将来を少しでも想像してみよう。

2 経理パーソンならではの将来への道

第１章で，経理キャリアの将来には主に３つの方向性があると述べました。１つ目は経理のスペシャリストとして生きていく道，２つ目は社内でヨコ移動して経理スキルを活かしながら経理以外の部門で活躍する道，３つ目は社内でタテ移動して経営層を目指す道でした。

この３つの道は，社内のほか社外でもひらけています。社内と社外，どちらを検討するか，もう少し詳しく解説します。

社内での経理経験を生かす方法はいくつもある

社内での転身を検討するタイミングは，経理が本当は希望した部門ではない場合や経理職が合っていないと感じる場合です。

取り組みを重ねて経理パーソンとしてのスキルが身についたのであれば，次の展開を考えるべきです。もともと広報をやりたかったならIRに，コンサルへ行きたかったなら経営企画というスライドなら，経理経験を活かしやすいでしょう。

会社が嫌いでなければ社内に残るほうが賢明です。これまでの人脈，自社知識，現在の給与水準などをそのまま引き継げるからです。引き継げるということは，仕事の成果も出しやすいのです。

経理パーソンとしての専門性の発揮の仕方にも，パターンがいくつかあります。最近の経理の現場では，システム開発や業務改善といったプロジェクトがいくつも走っています。経理処理ではなくプロジェクトマネジメントを専門に行う経理パーソンもいます。資格と掛け合わせて「π型人材」を目指す人には絶好の環境といえるかもしれません。

もちろん，従来型の経理部門マネジメントも進路の１つです。メンバーをまとめて，育て，決算などの日常業務を回していくのをリードする役割です。

スペシャリストタイプも選択肢の１つです。基準を読んだり調べたりが好きな人は向いています。2002年にノーベル化学賞を受賞した島津製作所の田中耕一さんがいい例です。マネジメント職よりも現場の研究職を続けたいと希望したと聞きます。経理にも職人肌の人が存在し，その細やかさで業務に貢献することももちろんできます。コツコツと仕事をするのが好きな人はこの道もよいでしょう。

社外の選択肢を選ぶチェックポイント

社外での展開を検討するタイミングは，人間関係以外にも，会社自体が信頼できなくなったとき，逆にスキルが身について高いステージや好きな業界を目指したくなったときです。

私はディズニーが好きでいつか働きたいと思い，社会人になってずっと求人情報を見ていました。10年近く経ったときにようやく，自分が身につけたスキルとぴったりのポジションを見つけて転職しました。こまめにチャンスをうかがっているとタイミングが合うこともあります。

社外のキャリアを考えるうえで重要なのは，会社の規模です。大手には大手の仕組みややり方があり，中小規模の会社には中小での仕組みややり方があります。経験と異なる規模で新しい業務に就いたとき，問題なく進められるかは懸念があるものです。

もし，20名規模の会社で経理のあらゆる業務に目を配っていた人は，5,000名規模の大手で細分化された仕事を任されたら違和感を覚えるかもしれません。逆に，大手で専門性を高めていた人が中小企業でいろんな分野の業務を一手に任されたら戸惑うかもしれません。

自分が居心地のいい規模という感覚も大事です。私が日本マクドナルドを辞めたのはこれが理由でした。全国で当時4,000近い店舗を抱える規模に，ダイナミックな面白さがある一方で，１つ１つを細かく見られない環境に物足りなさを感じていました。転職先のウォルト・ディズニー社のストアは国内約50店舗で，全体が把握できることに魅力を感じたのでした。

もちろん，規模の壁を越えるのは不可能ではありません。必要なステップを踏めば大丈夫です。例えば今20名規模の会社にいる人は，100名規模の会社に転職して経験を積みます。そのキャリアをバネにして，最終的に数千名規模の会社を目指せばいいのです。

業種は仕事のスピード感を大きく左右する

社外でのキャリアアップを考えるときは，業種という切り口もあります。趣味がアウトドアである，エンタメが好き，集めているものがあるなど，趣味や興味につながる業種があればそれを次の仕事にするのもひとつです。

どの会社にも経理はある，という汎用性が，経理パーソンの強みでもあります。興味がある業種で仕事ができれば，意識しなくとも自社知識が身につきやすく，どんどん仕事を覚えていけるはずです。

業種の違いは業務サイクルの差にもつながります。一般に，B to Cはデータ量が多く，情報の流通速度も速いものです。日銭商売なので，日々に処理すべき作業量は多くなります。B to Bのスピードに慣れていると「ついていけない」と感じるかもしれません。どんなペースで仕事をしたいのかも，自分の好みを考えておいたほうがいいでしょう。

国内企業と外資系会社でも，仕事の進め方や風土がまったく異なります。外資系でもタイプはいろいろです。欧米系に比べて米国系企業はスピードが速いといわれます。ということは，日々の経理パーソンの仕事にも速さが要求されます。

また，会社のステージの違いによって求められる経理パーソンも異なります。

上場準備中の会社であれば，開示資料作成や内部統制の整備の経験者が重宝されるでしょう。上場が実現するまではとても忙しいものです。

上場会社も似たような知識が必要ですが，すでに仕組みはあるのでこれを回すことができれば問題ありません。四半期の決算を中心に仕事が回ります。非上場会社なら，業務は月次決算や日次の作業を中心に進みます。忙しさは会社によります。

新卒でも知識とスキルがあれば，高い給料で採用される傾向が出てきました。世の中は即戦力採用の時代に入っています。言い換えれば，自分も即戦力として採用されるチャンスがあると同時に，逆に他の即戦力に仕事を明け渡す可能性もあるということです。

万が一そうなった場合に自分にはどのような仕事ができるのか，何が得意なのか。自分で仕事を探しに行く前に，自分に合う仕事を何通りか考えておきましょう。

まとめ

会社による経理の違いを知っておこう。

3 外資で使われている「強み診断ツール」

もし，自分の強みや思考タイプがわからないのであれば，「強み診断ツール」を使うのがおすすめです。例えば，米国ギャラップ社が開発・運用している才能診断ツール「ストレングスファインダー」があります。100項目を超える質問に答えると34ある資質の中からユーザーを特徴づける５資質が抽出され，自分の才能（＝自分の強み）がわかるというものです。

外資系企業ではよく使われていて，日本マクドナルドやウォルト・ディズニー社でもみんなで受けたことがあります。この結果はチームマネジメントに活用していました。

付録コードを入力してネット診断を受けることができる書籍もあるようです。

診断結果をもとに自分を言葉で語れるようになる

一度診断しておくメリットは，事前に自分の言葉で「自分の強み」を説明する準備ができるところです。

採用面接では「あなたはどんな人ですか」「あなたは自分をどう評価していますか」と尋ねられることがあります。そこで期待されているのは「マルチタスクができる」「不明瞭な要素が多くても自分で判断して進められる」「他部門との調整をするのが得意」など，ビジネスシーンに即した貢献についての回答です。「それを示すエピソードも答えてください」と言われる場合もあるでしょう。

このような回答は，準備なく即座にできるものではありません。事前に考えておくにも実務スキルとは違って，何が正解か１人で考えるのは難しいものです。また「どのような言葉が伝わりやすいか」も悩みどころです。

あらかじめ強み診断ツールで自分を理解しておくと，これらの問題が解決されます。診断結果をもとに説明できるようにすれば，面接の場でも適切な言葉を使って自分の強みを伝えられるでしょう。また，客観的な事実がもとになるので自信を持って回答しやすいはずです。

診断結果を見ると，私自身や周囲のメンバーで経験した限りでは，個性と合致していて納得できるものばかりです。資質から具体的なエピソードを掘り起こしておけば，発言の矛盾も起こりません。

判断基準として診断結果を利用する

さらに，自分が意思決定をする際の判断基準として使うこともできます。

ルールを重んじる資質を持った人にとっては，柔軟な応用力を求められるスタートアップ企業とすでに仕組みが確立された大手企業から選ぶなら，後者のほうがマッチしています。

業務上で自分が何を重んじるかを自覚しておけば，進め方に違和感を感じたときも冷静に軌道修正して合わせることができます。一緒に働くメンバーの強みや傾向を把握すると，コミュニケーション時の振る舞い方も選べるでしょう。外資系会社ではメンバー間で診断結果を共有し，より円滑に業務が進められるように工夫していました。

まとめ

わかりやすい言葉で自分の強みを用意しよう。

4 上司との面談では希望をはっきり伝えよう

多くの経理パーソンは，半年または１年ごとに上司との面談が設定されていると思います。面談でははっきり自分の希望を伝えてください。

面談だけははっきり希望を伝えよう

経理パーソンは謙虚な人がとても多いです。しかし，定期的な面談の場だけは，ぜひ勇気を出して希望や思いを伝えてください。自分の将来が変わります。

なぜなら，ほとんどの上司はあなたの本当の要望を察することはできないからです。加えて，最近の管理職はとても忙しいため，部下に目を配る時間が減っています。上司には上司と会社の事情があるので，あまりに意見を述べずに黙っている部下に対しては気づいても気づかなかった振りをしてしまうかもしれません。

要望を伝えない姿勢は損ばかりです。周りの経理パーソンが謙虚な人ばかりであるなら，少しでも要望を言えた人が勝つともいえます。

要望を公式の場で伝えれば，上司は対応せざるを得ません。伝えた後は，１年ほど社内人事や組織や仕組みの変更を待ってみましょう。もしそれでも対応されないとわかったら，その時点で初めて異動や社外の可能性を検討すればいいのです。

できるなら転職しないほうがいい

個人の視点で考えても転職はできるだけしないほうが楽です。すべてを新しく始めるのは面倒ですし，リスクも抱えます。もし社内で要望を伝えて実現でき，慣れた場所でキャリアを伸ばしていけるのであれば，こんなに効率的なことはありません。

上司の中には，よかれという気持ちで思い込みで部下の担当業務を振り分けてしまう人もいます。属性だけを見て「女性で子どもがいるから決算でも残業できないだろう」と考えてしまう上司は今でも多いようです。しかし，これは個々の要望には沿っていない可能性があります。実は本人は「出産後も残業をいとわずバリバリ働きたい」と考えているかもしれないからです。

上司の思い込みのせいで，この方は，バリバリ仕事をする業務にはずっと就けないままでしょう。今の状況に不満があるのに，それを伝えないままでは状況は改善されません。**自分自身のためにやはり「勇気を出して要望を伝える」場面が確実に必要なのです。**

仕事のスタイルもそうです。作業が難航したときの対応でも「人に助けを求めるタイプ」と「最後まで自分でやりきりたいタイプ」がいます。全体の進捗に影響しないのであれば，できるだけ自分のスタイルが尊重されるほうがいいでしょう。定期的な面談では，上司に自分がどちらのタイプなのかを伝えてください。そうすれば，上司は安心して今後の判断やサポートができます。

言い方も大事です。後者のタイプであれば「業務がしっかり身につくよう，できれば自分の手で進めたいと思います。そのためにはどうすればいいでしょうか」と助言を求めるように伝えればスマートです。

まとめ

上司には，ダメもとでもまずは希望を伝えてみよう。

5 正反対のパーツロールモデルを意識する

ロールモデルとは「将来，自分もこうなりたい」と思えるような理想の人物のことです。経理パーソンには，ロールモデルを複数持つことをおすすめします。具体的には「〇〇さんのようになりたい」とある人物に絞るのではなく，「Ａさんのいいところ」「Ｂさんのいいところ」と複数の人からいいと感じるパーツを集め，その集合体になることを目指します。このようなロールモデルを「いいとこどり」する考え方は「パーツロールモデル」と呼ばれます。

違うタイプの先輩を２人選ぶ

複数の理想像を選ぶ際は，なるべくスタイルやタイプ，ルーツが相反する人たちを対象にするといいでしょう。

例えば，ずっと社内で経験を積んできた生え抜きの人の中で「この人」と思える人と，社外から中途入社した人の中で「この人」と思える人を選び，まねたい長所を抜き出すのです。

生え抜きで仕事ができる人であれば，おそらく社内事情にも詳しく人間関係もうまく振る舞える人ではないでしょうか。逆に，中途入社で仕事ができる人であれば，社内に新しい考え方を入れてくれた人が多いのではないかと思います。どちらの長所も社内で必要だからこそ，まねたいと思えるほどの人材のはずです。それを両方とも見本にするのです。

パーツロールモデルを選ぶときの組み合わせは，他にも考えられます。「専門性が高い業務をこなせる人／チームマネジメントに長けている人」でもいいですし，「社内の調整が得意な人／社外の専門家とのやりとりに長けた人」という要素もあるでしょう。成長途中にいる経理パーソンであれば，理想とする両要素を身につけることに挑戦する価値があります。

具体的なパーツロールモデルを設定すると，彼らが社内外で評価されているポイントに加えて，どのようにそのスキルを身につけたのかも辿れます。日頃の本人の発言や行動に目を配るほか，可能なら一緒にランチや飲み会に行って直接質問してみてください。それがきっかけでメンターのような関係になれるかもしれません。

生え抜きか中途かという見方は損をする

残念ながら，世の中には自分とは異なる属性に対して悪く言う人もいます。中途入社者に対して「自分たちの仕事を奪いに来た」と思う生え抜きの人もいれば，生え抜きの人に対して「ここはスキルや環境が劣っている」と考える中途入社の人もいます。しかし，どちらの能力も会社にとっては不可欠です。二者択一の簡単な話ではなく，ぶつかり合っては何も進みません。

確実にいえるのは，これからを生きていく経理パーソンには複数の要素が必要ということです。**素直によいところを身につけられるよう，中立的な姿勢で異なる２つのタイプをパーツロールモデルとしましょう**。それぞれから学べる領域は想像以上に広大です。

まとめ

ロールモデルを通じて自分の将来をイメージしてみよう。

6 転職サイト登録で自分の市場価値を知る

果たして，労働市場で自分の価値はどれくらいなのか。実際に転職活動を始めなくても知る方法があります。それは転職サイトへの登録です。

情報源として転職サイトを眺める

すぐ転職する予定がなくても，登録すればかなりリアルな状況が見えてきます。今どのような求人があるのか，年収はいくらか，求められるスキルや資格は何かなど，詳しく条件が公開されています。今の自分が「実はとても恵まれている」と気づくこともあれば，「自分のスキルなら給料が上がるかも」と思うこともあるでしょう。大事なのは，実際に比較してみるということです。

そのうえで「今の環境に満足」と感じるのであれば転職の必要はありません。転職サイトは，転職するためではなく情報収集と判断の材料として使ってください。

興味あるポジションを見つけた場合には，応募要件に何が書かれているのかを細かくチェックしておくといいでしょう。今の自分はその要件を満たしているのか考え，まだ足りない部分があるなら将来の自分は満たせるか，現状持っているスキルとの差を把握します。その差を埋めることができれば，そこへ転職できるはずだからです。

いざ転職活動を始めた後で「要件が合わない！」と判明するのは非常に残念です。だからこそ，転職したくなる前に転職サイトを活用しましょう。心に余裕があるときに見てこそ，役に立つのです。

プロフィールを棚卸するチャンスにも

転職サイトへの登録プロセスそのものも，今の自分の棚卸につながります。例えば，登録時には必ずプロフィールの記入が求められますが，書き慣れている人は少ないものです。これまで振り返ったことがなかった，何を自分は売りにすればいいんだろう，と改めて考えられるいい機会です。

記入しておけば，内容を見てエージェントが案件を持って連絡してくる可能性もあります。そのときは，なぜ他でもないあなたに連絡をくれたのかを確認しておきましょう。注目された理由はあなたの大事なアピールポイントです。

もし「今後も転職する気がない，転職しなくていい」と思っていたとしても，登録だけはしておいて損はありません。すでに述べたとおり日本の会社の平均寿命は24年ですので，現実問題として今いる会社がいつまでも安泰とは限らないでしょう。もし会社がつぶれなくても，経理が大幅に縮小されたりアウトソースされたりして仕事がなくなる可能性も十分考えられます。

準備ができていない状態で突然「あなたの仕事がなくなります」と言われたら不安になるはずです。やはり転ばぬ先の杖として，自分の市場価値を事前に知っておくに越したことはありません。緊急避難先がわかっていれば，いざというときはそちらへ進むことができます。

まとめ

転職する気がない今こそ，転職サイトに登録してみよう。

7 転職経験者の話を積極的に聞く

今すぐに転職する気持ちがなくても，転職経験者の話は聞いておくといいでしょう。みなさんの想像を越えた話が聞けます。想像を越えるものだからこそ，積極的に情報を収集する意味があります。

転職のリアルを知ろう

転職のきっかけも人によってさまざまです。転職サイト経由以外でも「高校の友人に紹介してもらった」「経理以外の仕事をしていたが興味があってジョブチェンジした」「今度は経営企画として転職する」など，事実は小説より奇なりです。経営学には「計画された偶発性理論」（クランボルツ教授）というキャリア理論がありますが，それほどキャリアというのは偶然の要素が強いものです。幅広い事例を知っておくと，身の回りに潜んでいるチャンスに早く気づけるかもしれません。

自社の人，特に経理パーソンが転職するときは必ず話を聞きましょう。転職市場では個人より「○○社の経理」とグルーピングされて評価される傾向が強いからです。その人がどのような点を評価されて転職に至ったのかを聞けば同じルートを辿れる可能性がありますし，大きな参考材料になります。

転職理由については，ポジティブなものだけではなく，ネガティブなものもできたら聞いてみてください。転職が決まった人は「転職先ではこういう仕事ができるから」といい面を中心に発言することが多いものです。今の職場に気を遣ってのことだと思います。

しかし，経験上，９割方の転職のきっかけは「今の会社で嫌なことがあったから」です。この理由の中身は人によってさまざまなので，聞くことができればリアルに転職を考える参考になります。「自分にも当てはまるな」と考えたり「こんな理由で転職を考えてもいいのか」と驚いたり，転職のハードルがちょっと低くなるのではないでしょうか。

転職を必要以上に恐れない

初めての転職は誰でも不安です。何事も未経験というのは怖いものです。しかし，事前にリアルな実情やネガティブな面を数多く聞ければ心の準備ができます。

未経験でも転職や転職活動がどんなものかをイメージしたい方には，転職マンガ『エンゼルバンク　ドラゴン桜外伝』（三田紀房／講談社）をおすすめします。採用する側から見ても赤裸々な情報が満載で勉強になります。

必ずしも転職を経験しなければいけない，というわけではありません。しかし，「転職を選択できる状態に自分を置く」のは重要だと考えています。常に転職が自分の選択肢に入っていれば，今の仕事で想定外のことが起きたり理不尽な目に遭ったりしても，すぐに新しい場所へ踏み出せるからです。**大事なのは転職することではなく「転職できること」**だと捉えてください。

まとめ

想像ではなく，実際の話を聞いて転職を正しく知ろう。

8 同じ「経理」でも業務内容がまったく違うことがある

自己紹介で他社の人が「経理をやっています」と言っても，自分と同じ「経理」を指しているとは限りません。名前が同じ「経理」でも会社によって業務が全然違うからです。私も公認会計士としてさまざまな会社を見ていますが，部門の名前は同じでも業務内容は聞かないとわからないのです。

その会社の実態を知るのに役に立つ質問

他社の「経理」について詳しく知りたいときは質問を重ねます。決算を中心に年間スケジュールを聞くと，会社の大まかな状態がつかめます。決算の過程でその人がどのような作業をしているのかも，改めて尋ねなければわからない部分です。会計システムを使って伝票を切るだけなのか，起票自体は別の部門に任せて取りまとめだけしているのか，外部委託しているので週１回の作業状況の確認が主な仕事なのか，などパターンはいろいろです。

別の切り口として，経理財務分野には，どのような部門があって他の部門は何をやっているのかを聞くのもいいでしょう。組織の組み立て方も会社によって変わるからです。

聞き出した情報と自分の今いる会社を比較することで，その会社で「経理」の作業量やサイクル，課題などがわかります。

自社の経理部門で引き受けている業務を，Ａ社の場合は２つの部門で分担して担当しているとします。部門を分けるのは大体業務量が多いからです。例えば小売業などは取引量が多く，毎日処理しなければいけない業務量が多くなりがちです。

Ａ社の業種や業態から取引量が多くないはずと判断できる場合は，社内システムの問題かもしれません。単に手作業が多いために時間がかかっている可能性もあります。本来なら１部門で捌けるのに効率が悪いのかもしれません。

紙資料が多い会社も業務量が増えます。入力とファイリングが逐一必要になるからです。そのためにわざわざ派遣社員を入れて人手を確保しているかもしれません。社員と派遣社員の人数と構成から業務量を推測することもできます。派遣社員が多いなら，おそらく非常に手がかかる方法で業務を回しています。

面白いのは，ほとんどの人が自社の「経理」について「うちは普通」と思っていることです。しかし「自社の常識は他社の非常識」です。いろんな事例を聞いてみて「経理」にもいろいろなスタイルがあること，どのような「経理」なら自分の価値が発揮しやすいかを考えてみましょう。

まとめ

人員数とスケジュールで実態を正しく把握しよう。

9 職務経歴書は半年ごとに書き換えよう

転職の際に必ず求められる職務経歴書は，必要になってから作るものではありません。転職サイトへの登録と同じで，余裕があるときにこそ準備すべきアイテムです。不完全でも単語程度でも構わないので，持っていない経理パーソンはさっそく作成してみましょう。

具体的な情報やネタを決して見逃さない

自分が担当した業務についてはこまめにメモをとろうというお話はすでにしました。そのメモを見ながら，職務経歴書の形式に，情報を並べ替えてみましょう。職務経歴書の形式はインターネットや書籍などで自分が書きやすいものを選べばいいのです。

職務経歴書で特に大事なのは実績です。「何をやったか」（業務内容）以上に，「その結果どうなったか」（実績）は注目されます。できるだけ数字で成果を書けるといいでしょう。

「○分かかっていた作業を○分で済むようにした」「○円かかっていたコストを○円削減した」など，具体的な数字があれば誰にでも成果がわかりやすく伝わるからです。

謙虚な経理パーソンはあまり自己実績を語りたがりませんが，転職時はそうもいっていられません。相手は能力が高い人を採用したくて募集をかけているので，ぜひ数字に語ってもらいましょう。また，数字が適切に職務経歴書に入っていると「情報がわかりやすい」印象も与えてくれます。

半年に1回は，手元のメモを参照して職務経歴書を更新してください。過去に担当していた業務のことで思い出したことがあれば，ぜひそれも付け加えていきましょう。

職務経歴書を整えるときは，業務内容に加えて次の4つの能力が明示されているかを確認します。4つの能力とは「**自社知識／会計知識／コミュニケーションスキル／業務改善スキル**」です。

このうちのどこかに偏っていたり不足があったりすると，不完全な印象を与えます。バランスが悪いと感じたら，今後の半年でカバーできるよう取り組みを進めればよいのです。本格的な転職活動をしていない時期，まだ時間があるうちに見直すことで，職務経歴書の内容を，より魅力的なものに変えてしまいましょう。

実際に書くか書かないかが将来の大きな差を生む

このように，「職務経歴書を準備するといい」と助言しても，実際に書いてみる人は実はそう多くはありません。書いた経験がない人にとっては，何を書いていいかわからず，おっくうだからです。

そのハードルを下げる方法としてメモを活用するやり方をご紹介しました。それでもみなさんは，「自分のこの程度の経験が評価されるのか」と不安に思うかもしれません。そのためにも，交流会や転職サイト，転職経験者を通じて，他社のリアルな状況を知っておくことが大事です。そうすれば，何らかの自分の強みや特長を見つけられます。

また，自分にとっては「とても古い経験」だったとしても，以前やったことがある仕事は採用につながる可能性があります。なるべく漏れなく記載しましょう。経理の業務は多種多様で，必ずしも特定業務をピンポイントに経験している人でなくても，それに近い仕事を経験していたらOKというケースがよくあるからです。

担当した業務や改善した実績などの事実を書いたら，最後に全体の流れに「ストーリー」があるかを見ます。この場合のストーリーとは，自分自身の中で軸となる一貫性です。スティーブ・ジョブズさんの有名な言葉に「Connecting the Dots」というものがありますが，これと同じです。

パッと見たところバラバラなキャリアだったとしても「常に人を楽しませる業界で働きたい」というストーリーに一貫性があれば，読み手は矛盾を感じることなく受け取れます。スタートアップ企業での勤務経験を重ねている人については，「ゼロから１を立ち上げる仕事が好き」というストーリーが見えれば，その人の個性や考え方が表れます。

自分自身はどんなストーリーを持っているか，自分自身という大事な商品が最もうまくアピールできるように情報を整えましょう。

まとめ

自分の実績は，忘れないうちに言葉にしておこう。

付録

経理３年目向け
おススメ書籍リスト

本編で書籍の読み方を紹介しましたが，ここでは，経理経験３年目程度の方におすすめの書籍をいくつか紹介します。どれも，一般書店で入手しやすく，分量が多すぎず，平易な表現を使っている書籍です。

経理パーソンのメインイベントともいえる決算業務に注目して，その流れに沿って紹介します。時系列にみると，決算業務は，数字確定，開示作成，監査対応の３段階に区分することができます（実際には，監査対応の工程は開示作成の工程と並行して進められるケースが多いです。場合によっては，数字確定の工程すら監査対応しながらというケースもありえます）。

その中でも，数字確定に必要な能力として，会計基準の知識，会計技術，そして財務諸表論の知識の３つが必要になります。

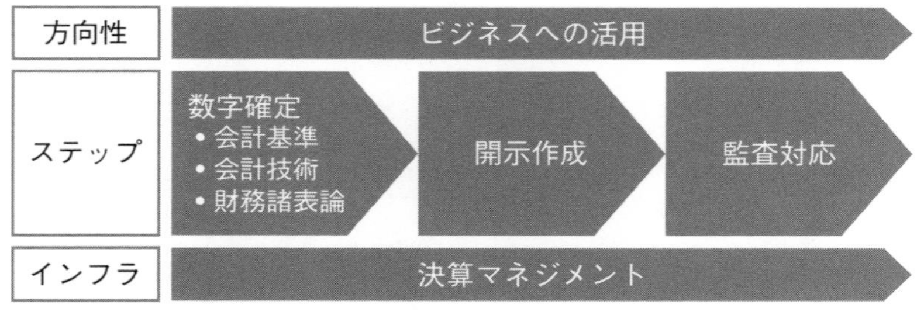

本文で紹介したとおり，書籍は使い方も大事です。そこで，各書籍の特徴を踏まえて，使い方も簡単に触れていきます。

1　数字確定

(1)　会計基準の知識

『キャリアアップを目指す人のための「経理・財務」実務マニュアル 上・下【新版】』
石田正，青山隆治，馬場一徳，奥秋慎祐
（税務経理協会，2018）

実務用に手元に置いておきたいという目的におすすめの１冊。勘定科目や項目ごとに紹介されているので，自分の業務に必要な項目を見つけやすいです。また，内容も実務に基づいているため，即効性が高い点も評価できます。経理に配属されて間もない，条文から引くのが苦手という初級者の方が，網羅的に情報を得るのに役に立つ本です。

『会計税務便覧』
日本公認会計士協会東京会
（清文社，年度版）

上記の書籍の次に参照するとよい初中級者向けの１冊。こちらも，経理パーソンにとってのハンドブックとして常に身近に置いておくのに適しています。会計のみならず，各種税法の基本的な情報がコンパクトにまとまっています。こちらも，勘定科目や項目別に集約されているため，自分の担当業務に合わせて内容を理解することができます。特に，結論だけの記述に留められているため，実務の作業中に結論だけを知りたいときには便利でしょう。この本を通じて，徐々に各種の条文や法令に慣れるという使い方もいいと思います。

『会計監査六法』

日本公認会計士協会・企業会計基準委員会

（日本公認会計士協会出版局，年度版）

会計の世界のバイブルであり辞書本の最たるものです。会計基準の全文を収録しています。特に，会計基準の結論の背景や設例なども含まれているので，立体的に知識を得たい中級者以上にふさわしい本です。ですので，初心者は他の本から始めることをおすすめします。

また，監査法人と会計処理をめぐって議論する際には必ず必要になります。監査を受けている会社は，会社で１冊用意するといいでしょう。大型本で3,000ページ超なので，持ち歩きには不向きです。

『Q&A棚卸資産の会計実務（現場の疑問に答える会計シリーズ）』

EY新日本有限責任監査法人

（中央経済社，2019）

各種会計基準について多くの解説本が発行され，どれを選んだらいいのか迷う人も多いでしょう。例えば，この本は，１問１答形式で書かれているため，見た目にもとっつきやすく，必要な情報を見つけやすいと思います。これらの会計基準の解説本の多くは，基準の原文に近いことが中心に書かれている傾向が強く，それほど内容に大差がないことも多いのも事実です。そこで，この本のように見た目で選ぶか，または自社が監査を受けている場合には，その監査法人が発行した本を選ぶというやり方がおすすめです。

『建設業の会計実務（第２版）（業種別アカウンティング・シリーズ）』

あずさ監査法人

（中央経済社，2017）

会計基準の解説本と同様，各監査法人が出しているのが，業種別の会計解説本です。中でもこの本は，ボリュームが多いことと，業界，会計，監査と３つの視点でまとめられていることが特徴的です。情報量が多く，これ１冊あれば，いろいろなニーズに対応可能です。例えば，中途入社したのでこれから自社の経理を体系的に身につけたいという場合にも有用でしょう。また，実務の経験をある程度積んだのちに，自社の会計処理について改めて見直すのに役にも立ちます。特筆すべきは，監査の視点からみた業種特有の監査手続の記載があることです。これをもとに，監査対応の方針を練ることもできるのではないでしょうか

⑵　会計技術

『ビジネスエリートの「これはすごい！」を集めた　外資系投資銀行のエクセル仕事術――数字力が一気に高まる基本スキル』

熊野整

（ダイヤモンド社，2015）

本編の資格の項でも紹介したとおり，エクセルスキルは経理業務においても重要な位置を占めます。本書は，実際に数字を扱う仕事をするうえで役に立つスキルを多く紹介しています。また，著者の経験をもとに，経営者報告に役に立つ見た目の工夫についても扱っている点が評価できます。エクセル書籍は多くありますが，できるだけ経理や経営企画の実務の現場をよく知る方が書かれたものを参照すると，即効性が高いでしょう。

『よくわかる Microsoft Excel 2016 マクロ／ VBA』

富士通エフ・オー・エム㈱

（FOM出版，2016）

RPAの導入が進む会社も見られますが，そんな時代だからこそ，エクセルマクロのスキルを磨くのも有効だと思います。RPAはエクセル

マクロをパソコン全体に引き伸ばしたようなものです。そこで，エクセルマクロを通じて，RPAにもつながる考え方を理解する練習を積むのもいいでしょう。

本書シリーズは，各種マイクロソフト本の中でも，最も練習がしやすいので，全体的におすすめです。私はこのシリーズを10冊近くこなしました。大型本ゆえ，開きながらパソコンで作業がしやすいのと，パソコン教室でも採用されているテキストですので，ひとつひとつの操作が丁寧に書かれており，初心者でも迷うことが少ないと思います。自分が会社で使用するExcelのバージョンに該当する書籍を必ず選ぶようにしましょう。

(3) 財務諸表論の知識

『財務諸表論の考え方——会計基準の背景と論点』

田中弘

（税務経理協会，2015）

平易なことばで書かれており，財務諸表論を学んだことがない方でも読みやすい１冊です。財務諸表論の書籍は大学向けの難しいものが多い中で，この薄さとわかりやすさは素晴らしいです。財務諸表論の基礎的知識を手軽に身につけたいという方におすすめです。私は，経理部門内の勉強会用に使っていました。

『わしづかみシリーズ　新会計基準を学ぶ（第１巻〜第４巻）』

田中弘 他

（税務経理協会，2008，第４巻のみ2011）

各会計基準について，財務諸表論の観点から理論的な裏付けを押さえたいという人に最適の本です。前記の本で会計基準全体の概念を理解してから読むと効果的でしょう。各会計基準の制度趣旨や位置づけがコンパクトにまとまっているので，経理業務になじみが薄い方でも理解しやすいと思います。会計基準ごとに巻が分かれているので，自分が実務で担当する分だけ読むのもいいでしょう。会計基準原文を読む前に，この本で全体像を学ぶと，会計基準本文の理解が進みやすいと思います。

2　開示作成

『会社法計算書類作成ハンドブック（第14版）』

有限責任監査法人トーマツ

（中央経済社，2020）

開示資料作成に関しても，各監査法人から開示例の紹介も含めた解説本が出ています。こちらも，各会計基準の解説書同様の趣旨から，自社を担当する監査法人のものがおすすめです。これも分厚く高価なものゆえに，会社で１冊あればいいと思います。開示関係は毎年といっていいほど変更が多いので，最新版を参照したいところですが，適宜，証券印刷会社の作成要領などと併用する方法も実務ではいいでしょう。

『「本当にいい会社」が一目でわかる有価証券報告書の読み方――決算書だけではわからない「儲かる仕組み」はココを見る!』

秦美佐子

（プレジデント社，2012）

アウトプットを意識しようという話をしましたが，この本は有価証券報告書を見る側の視点に立って理解するのに役立ちます。開示資料の作成に慣れれば慣れるほど，利用者側の視点が持ちづらくなるというジレンマがあります。そこで，自分自身では気がつかない，または忘れがちな視点を本書を通じて理解するといいでしょう。

3 監査対応

『決算効率化を実現する　会計監査対応の実務』

石島隆，アルテ監査法人

（中央経済社，2014）

監査対応をするうえでヒントとなる事項を多く紹介しています。監査対応も，経理スキルとして重要なひとつであり，独特なコツがあるのも事実です。そこで，自社の実務で経験を積みながら，この書籍を合わせ読むことで，監査対応のスキルを一般化しつつ身につけることにつながります。

『会計士物語―公認会計士の仕事と生活』

越知克吉

（白桃書房，2011）

監査対応のために，監査の視点をより理解したいという方にお勧めです。タイトルにある会計士の仕事と生活だけではなく，会計士が持つ監査の視点が紹介されています。物語風なので，気軽に読めるのもいい点です。

4　決算マネジメント

『「経理の仕組み」で実現する　決算早期化の実務マニュアル（第２版）』

武田雄治

（中央経済社，2016）

決算早期化の具体的なノウハウを多く紹介する良書です。私自身も，経理パーソン時代には初版を何度も参照して，決算の「経理負債」解消のヒントを得ました。経理にとって避けては通れない決算の取り組み方を，構造的に理解することにつながります。すべての経理パーソンにおすすめしたい１冊です。

『最短で達成する全体最適のプロジェクトマネジメント』

岸良裕司

（KADOKAWA／中経出版，2011）

一般的なプロジェクトマネジメントに関する本ですが，決算の進め方を考えるうえでのヒントも得られます。決算は，規定の期限内に規定の成果物を提出するプロジェクトと捉えることもできます。このような本を参照することで，一般的なビジネススキルを経理に導入するという一段高いスキルを身につけることにもつながります。ときには，経理向けではない書籍に手を伸ばすのも，発想力や応用力を身につけることにつながります。

『新版　忘れちゃならない経理の作法』

鈴木豊

（中央経済社，2015）

「経理負債」解消のために，経理手順の変更が必要な場合があります。

こんなときに押さえなくてはいけないポイントを網羅的に確認できる本です。内部統制の観点から各種の経理手続を説明しています。「内部統制って難しそう」と感じる方にも，実際に自分の担当している業務に関する箇所を読むことで，内部統制が何かも少し理解できるのではないでしょうか。長年読まれている，会計士にファンが多い名著です。

5 ビジネスへの活用

『経営陣に伝えるための「税効果会計」と「財務諸表の視点」』
荻窪輝明
（税務研究会出版局，2019）

単なる税効果会計の説明の本は数多く出版されていますが，「経営者に伝える」という観点で書かれた珍しい本です。税効果会計は，最も理解が難しい会計基準のひとつといえますが，それをどのように経営者に伝えるかという視点は，経理パーソンにとっては参考にすべきものです。税効果会計について学びたい方にはもちろん，税効果会計がわかる人もどのように説明したらいいかという視点で一読する価値があります。

『経理・財務担当者のための「経営資料」作成の全技術』
あずさ監査法人アカウンティング・アドバイザリー・サービス事業部
（中央経済社，2019）

パワーポイントをはじめとするプレゼンテーションソフトの普及により，最近は経理でも資料の見た目がますます重要になっています。その作成に役立つ数多くのヒントがひとつひとつ丁寧に解説されています。その内容はシンプルなものが多いのも，本書が実用的な書として紹介できる所以です。会社で１冊あると資料作成がはかどると思います。